¡SALTE CON LA TUYA!

ALVARO GORDOA

y consíguelo todo con
persuasión, seducción y negociación

AGUILAR

El papel utilizado para la impresión de este libro ha sido fabricado a partir de madera
procedente de bosques y plantaciones gestionadas con los más altos estándares ambientales,
garantizando una explotación de los recursos sostenible con el medio ambiente y beneficiosa para las personas.

¡Salte con la tuya!
Y consíguelo todo con persuasión, seducción y negociación

Primera edición: octubre, 2023

penguinlibros.com

ISBN: 978-607-383-164-2

Impreso en México – *Printed in Mexico*

Para todos los hijos de Córax
que viven y reviven en estas páginas.

ÍNDICE

CAPÍTULO 1

VERBO MATA TODO

KIUSMI KIUSMI

Yo: Vean con quién estoy... (adjunto foto)

Hermana: ¿Me puedes explicar qué haces ahí?

Mamá: Como si no lo conocieras, seguro aplicó la de *kiusmi kiusmi* como cuando llegamos sin reservación a los restaurantes.

Saqué esta conversación de mi chat familiar de WhatsApp. En la foto en cuestión aparezco rodeado de la familia Trump, en su palco con otros de sus invitados especiales a la final de un prestigioso torneo de golf con sede en el Trump National Doral Miami. Ese mismo día, les mandé fotos conviviendo en el bar de jugadores con tres de mis golfistas favoritos: Cameron Smith, Brooks Koepka y Dustin Johnson. ¡Ah!, y para cerrar la anécdota, en un momento de la convivencia el mítico Greg Norman me regaló su sombrero.

Estimados hijos e hijas de Córax (antes de que pienses que te estoy insultando, ya te explicaré quién fue Córax): quiero que sepan que a ese torneo de fin de semana asistí como cualquier aficionado comprando mi boleto de entrada general, sin conocer a nadie. El viernes por la mañana, era un asistente más entre 120,000 personas; pero el domingo en la noche pertenecía a un selecto grupo que portaba gafetes y pulseras con acceso total. Y lo mejor de todo... ¡sin tener que desembolsar un centavo!

Dice la cultura popular mexicana que verbo mata carita, haciendo referencia a que en el ligue es más importante el verbo, o sea, saberte expresar y convencer, que la belleza física. Pero qué crees... ¡VERBO MATA TODO! Verbo mata caritas, verbo mata carteras, verbo mata jerarquías y, muchas veces, verbo mata hasta realidades.

Mata realidades como en ese caso en el que dijo mi mamá: "Seguro aplicó la de *kiusmi kiusmi* como cuando llegamos sin reservación a los restaurantes". Muchas veces llego a comer sin reservación alguna, pero el verbo hace creer que soy un comensal recurrente que sí cuenta con reserva y nos acaban sentando. La última vez que lo hice fue el fin de semana pasado con mis primos en un concurrido restaurante de Las Vegas donde nos dijeron que era imposible entrar sin reservación. Pero, al parecer, con el verbo no hay imposibles. Y entramos, sin recurrir a mentiras, solo al verbo y a pura PSN: pura Persuasión, pura Seducción y pura Negociación.

PSN (o como le diría mi mamá, el *kiusmi kiusmi*, a manera sarcástica de pronunciar "*excuse me, excuse me*") es pedir las cosas con amabilidad y astucia, sabiendo disparar los gatillos emocionales que motivan a las personas para salirte con la tuya. "Comper, comper" o "compermisito", le diríamos en México. Y si un mexicano desconocido acabó como invitado de Trump a ver el golf, con todo y el Servicio Secreto de por medio, imagínate lo que el *kiusmi kiusmi* puede hacer por ti.

EL ANIMAL PERSUASIVO

"Pero, entonces, Alvaro, ¿cómo le haces?". Me hacen esta pregunta a cada rato: después de conseguir esa mesa en el restaurante de moda, cuando me ascienden a primera clase en un vuelo transatlántico o cuando cierro una negociación que parecía imposible. La respuesta es sencilla: soy un animal persuasivo y es parte de mi naturaleza. Yo no sé cómo le hago, ¡pero lo hago!

Aunque a veces armo una estrategia minuciosa y me preparo para una negociación puntual, la mayoría del tiempo es simplemente mi instinto. Soy un animal persuasivo, seductor y negociador. Soy el que al llegar la cuenta del restaurante pido "las de la casa", al ir a la heladería pido que le echen un poquito más, y el que al comprar más de un artículo en algún comercio siempre pediré un descuento. Y te comparto un secreto: ¡Tú también puedes ser ese animal persuasivo!

Todas las personas traemos un software interno de astucia, pues somos persuasivos y seductores por naturaleza, y negociamos todo el tiempo sin siquiera darnos cuenta que lo estamos haciendo. Seguramente en tu infancia sabías que el llanto te conseguiría ese juguete o en algún momento te has hecho la víctima para obtener algo que querías. Tal vez convenciste a algún policía que no te pusiera una multa o a un maestro de que te diera una mejor calificación a la que merecías. Si ves series de Netflix en pareja, desde elegir qué serie verán o si ven otro capítulo o ya mejor se van a dormir, ¡es una negociación!

Los seres humanos somos astutos y queremos salirnos con la nuestra, y en este libro te daré las herramientas necesarias para explotar esa naturaleza persuasiva que ya vive en ti. ¡Te enseñaré a salirte con la tuya! Aprenderás cómo crear una realidad en la cabeza de los demás, es decir, cómo utilizar el lenguaje para meterte en los deseos y motivaciones de los otros para persuadirlos, seducirlos y llevar a buen cauce cualquier negociación.

Y lo mejor de todo: con este libro viene incluido un taller aplicativo que te permitirá practicar desde el día de hoy todo lo que vayas aprendiendo. A ese taller se le llama vida y nos vamos a obligar a practicar hasta convertirnos en ese animal persuasivo.

El psicólogo Abraham Maslow dice que el ser humano tiene cuatro etapas del conocimiento. La primera es la incompetencia inconsciente, que es cuando no sabes que no sabes. Por ejemplo, alguien puede no saber que no sabe manejar, simplemente porque nunca ha tenido la necesidad de hacerlo. Tal vez hace un rato que hablaba del golf, no tenías ni idea de los jugadores que mencioné, del torneo o el campo de golf al que hice referencia, desconoces sus reglas y simplemente no sepas que no sabes jugar golf, porque nunca te ha interesado saberlo. Esa es la incompetencia inconsciente.

De ahí pasamos a la siguiente etapa: cuando surge la necesidad de hacer algo, por ejemplo, quieres jugar golf porque te ayudará a hacer conexiones de negocios o quieres aprender a manejar para ser más independiente, y te das cuenta de que tienes que aprender. Así comienza la etapa de incompetencia consciente; cuando sabes que no sabes. Y es en ese momento cuando te acercas a alguna clase de manejo o de golf, o te pones a ver tutoriales para aprender. ¡La incompetencia consciente te hizo acercarte a este libro! Algún motivo tienes en mente o algo deseas y quieres salirte con la tuya, por lo que estás consciente de que debes aprender a persuadir, seducir y negociar.

Después entramos a la etapa de competencia consciente: ya hemos adquirido muchos de los conocimientos necesarios, pero todavía tenemos que estar muy conscientes a la hora de practicar esos conocimientos. Es en esta etapa donde muchas personas tiran la toalla: se dan cuenta que jugar golf es más complicado de lo que pensaban y rompen los bastones, o les entra el miedo a tener un accidente en el coche y prefieren regresar a la seguridad de que alguien más maneje. Esto puede generar ansiedad o desesperación y muchos no salen de ahí. Esta etapa es donde se cometen los errores de principiante, donde nos comparamos con los pros y donde debemos tener mil detalles de la teoría en la cabeza mientras lo llevamos a la práctica. Pero si sigues tratando, te atreves a manejar cada vez más lejos o sigues practicando tu swing; sin darte cuenta entras a la etapa de competencia inconsciente.

En esta última etapa empiezas a delegarle el trabajo a un sabio interior. Tus habilidades se vuelven automáticas y de pronto ya puedes manejar una carretera sin pensar en lo que estás haciendo mientras cantas tu canción favorita, o puedes jugar golf mientras te echas unos whiskies con tu foursome. Y es en esta etapa donde empiezas a disfrutar, a divertirte y a gozar de las mieles de lo aprendido.

Aquí descubrirás todas las herramientas y conocimientos para convertir el arte de la persuasión, la seducción y la negociación en una competencia consciente, pero será tu tarea convertirla en una competencia inconsciente. Por eso, encontrarás ejercicios que te ayudarán a llevar tus aprendizajes a la práctica. Te lo digo una vez más, ¡el verdadero taller es la vida!

Solo tú sabes qué deseos o motivos despertaron en ti la necesidad de aprender. Aquí te daré un delicioso buffet de conocimientos, pero es tu responsabilidad digerirlo y sacarle todos los nutrientes a las técnicas para volverte un verdadero animal persuasivo. Debe ser parte de tu naturaleza y no solo una acción esporádica, y así será mientras más pongas en práctica lo aquí aprendido. Por eso es que respondo al "Alvaro, ¿cómo le haces?", con un "no sé" o, más bien, con un "ya no me entero". Simplemente soy así. Un espécimen que transpira astucia para lograr sus objetivos.

Hace unos meses estuve en el Encuentro Anual de Autores que organiza mi casa editorial en un lujoso hotel de la Ciudad de México y que reúne a las mejores plumas de todos los sellos editoriales. En el lobby me topé a mi amigo y autor el doctor Eduardo Calixto y conversamos sobre qué tratarían nuestros nuevos libros. Mientras me contaba que el suyo hablaría de neurociencias dirigidas a las emociones, yo le platiqué sobre este proyecto de persuasión, seducción y negociación que hoy tienes en tus manos. Nos dirigimos al elevador y ¡oh sorpresa!, adentro se encontraba Guillermo Arriaga, uno de los autores y guionistas más importantes a nivel mundial, nominado varias veces al Oscar, ganador en Cannes y del Premio Alfaguara de Novela. Por supuesto me dio mucho gusto encontrármelo y con una gran sonrisa y abrazo le dije: "¡Guillermo, qué gusto verte! Te presento a Eduardo Calixto...", y así recorrimos el viaje hablando de cosas triviales de la industria, le piropeé su chamarra, a lo que me dijo "cuando gustes", y nos despedimos con la promesa de que lo buscaría en el evento para echarnos un *drink*. Finalmente, Eduardo me preguntó de dónde conocía a Guillermo, a lo que con toda sinceridad le respondí: "No lo conozco, ¡es la primera vez que lo veo en mi vida!". Después de unas buenas carcajadas simplemente me dijo: "Ya entendí de qué tratará tu libro".

Verbo mata realidades. Dos desconocidos se trataron como amigos. Pero lo más relevante de esta historia, y por eso te la cuento, es que en mi actuar ya no había una intención directa. ¿Qué necesito al día de hoy de Guillermo Arriaga como para seducirlo con la palabra? ¡Nada! Ni siquiera su chamarra. Simplemente es una forma de ser que ya no me puedo quitar. Una competencia inconsciente que vive en mí. Una astucia latente que dispara dardos sin importar si hay diana o no. Un animal persuasivo siempre con hambre de más. Y tú también lo serás.

Y antes de que empecemos a comer quiero hacer un paréntesis, pues he dicho varias veces la palabra astucia y muchas otras más la palabra persuasión, palabras que muchas veces se toman como algo negativo, pues llevan implícitas la palabra manipulación. Y sí: en el arte de la persuasión está inmerso el arte de la manipulación. Como todo conocimiento sofisticado (nunca mejor utilizada esta palabra, ya verás por qué), lo que aprenderás aquí es un arma de doble filo. Mi deseo es que utilices estas herramientas para construir y no destruir; para vender mejor tu verdad y no para mentir; para salirte con la tuya, pero no para pasar por encima de los demás. Pero quien finalmente debe tomar las riendas y será responsable por sus acciones eres tú. Lo digo con todas sus palabras: este podría ser también un libro de manipulación que te ayude a pasar por encima de los otros, a mentir mejor y lograr tus objetivos sin importar que a tu paso destruyas o hagas el mal. Por lo que dejemos por sentado en estas líneas el dilema ético que la naturaleza de las técnicas que aquí aprenderás despertará en ti.

"¿Pero, Alvaro, esto es correcto?", me preguntan muchas veces cuando capacito en estos temas y cuestionan alguna de las técnicas. También me hacen chistes del tipo "ojalá y mi pareja nunca tome este curso" o "qué peligro si estas técnicas cayeran en manos de mis hijos". Yo no soy nadie para decirte qué es lo correcto o no, mucho menos puedo juzgarte si decides aplicar el conocimiento para manipular a tu pareja, tus hijos o a quien sea. Las herramientas, como bien lo dije, son un arma de doble filo. Un capítulo de este libro podría llamarse "Cómo obligar a que te digan sí a todo", o bien, "Cómo detectar a un manipulador que quiere orillarte al *sí*". Las técnicas serían las mismas, la aplicación diferente.

La propia definición de diccionario de la palabra *astucia* nos habla de estas dos caras de la moneda. Nos dice que la astucia es la habilidad para comprender las cosas y obtener provecho o beneficio. ¡Me encanta esta definición! Podría ser frase de contraportada para vender este libro: "*¡Salte con la tuya!* te dará las habilidades necesarias para comprender las cosas y obtener los beneficios que tanto deseas". Pero después de decir eso, la RAE nos dice que la astucia también es la "habilidad para engañar o evitar el engaño" y la capacidad para "lograr artificiosamente cualquier fin" (artificioso viene de arte, de técnica, de habilidad). Por lo tanto, reflexionar sobre si es buena o mala la astucia o si sirve para engañar o evitar el engaño sería como reflexionar si el cuchillo es bueno o malo pues sirve para cocinar o para matar. El fin con el que se usa la herramienta es el que le mete el cariz ético. Y como no quiero ponernos maquiavélicos con eso de que, si el fin justifica los medios, démosle carpetazo de una vez por todas al asunto moral de este texto y empecemos ya con las técnicas, pues me di cuenta de que salivaste con el tema de "Cómo obligar a que te digan sí a todo". Pero antes, tres avisos parroquiales.

El primero es: aunque las herramientas que te compartiré son muy poderosas, no son infalibles. Yo también he fracasado en negociaciones y no siempre puedo salirme con la mía. Hay muchos factores que entran en juego y no podemos garantizar que nos meteremos a totalidad en la voluntad de las personas, únicamente podemos acercarnos más a que se haga nuestra voluntad. Por eso es importante practicar en cualquier oportunidad que se te presente: al hacer el check-in en un hotel, intenta persuadir en recepción que te den una mejor habitación de la que reservaste. Verás que la mayoría de las veces no lo consigues, pero en unas pocas ocasiones, disfrutarás de una suite que nunca hubieras tenido de no haberlo intentado. Debes aprender a convivir con el fracaso natural de estas técnicas y hasta disfrutar cuando no lo logras; son errores voluntarios, pues lo estás intentando. Si buscabas ciencias exactas, mejor te hubieras comprado un libro de álgebra.

El segundo aviso es que debes aprender desde ya a leer los contextos, incluso a fabricarlos. Más adelante profundizaremos en este tema y en su momento te explicaré sobre la pragmática, que es la parte de la lingüística que estudia el uso del lenguaje en relación con los usuarios y las circunstancias de la comunicación. Lo importante por ahora es entender que no es lo mismo negociar un aumento de sueldo cuando eres un buen empleado que lleva años en la compañía que cuando eres la nueva persona que hace el mínimo esfuerzo, al igual que no es lo mismo proponer hacerle un masaje a una persona que está soltera a una que no, o si trabaja en tu oficina o no hay relación profesional. De la misma manera, si las últimas películas que elegiste ver en pareja han sido malísimas, la balanza no estará a tu favor al querer convencer sobre la siguiente, pero si estás tomando un diplomado sobre apreciación cinematográfica y todos tus compañeros y profesores han dicho que equis película es buenísima, esos argumentos inclinan la balanza a tu favor. Eso es la pragmática: el contexto del habla y las diversas circunstancias que se mezclan en la comunicación. Y acabo de darme cuenta de que ya te la expliqué, aunque era parte de otro capítulo, por lo que debes tenerla muy presente a lo largo del libro.

Lo que sí aprenderemos en su momento es a fabricar los contextos y que obren a nuestro favor. ¿Acaso es posible que nuestra pareja elija la película pero que "casualmente" sea la película que nosotros queríamos ver? ¡Sí! Como también sería posible que la persona de la oficina a la que querían masajear ruegue para que le den ese masaje, sea soltera o no. Prometo retomar estos ejemplos de la peli y el prohibido masaje oficinista cuando lleguemos al tema de sembrar contextos y tomar la posición de poder.

Lo que importa de momento es que aunque aún no sepas fabricarlos, sí seas ya un sabueso de la pragmática y empieces a olfatear los contextos y a leer a tus audiencias, sus necesidades, sus motivos, sus preocupaciones y todo lo que hay alrededor; para que así empieces a sacarle provecho. Por ejemplo, cuando el servicio en un restaurante esté un poco lento, puedes aprovechar para comentarlo asertivamente al gerente, de ahí mencionar que estabas muy ilusionado de conocer el lugar y no te gustaría irte con un mal sabor de boca, para finalmente al terminar de comer negociar un postre de cortesía. Ahí leíste el contexto: se estaban tardando y ningún gerente desea que un cliente se vaya insatisfecho, por lo que puedes sacarle provecho.

O, por ejemplo, si en una conversación de la oficina escuchas a alguien decir que le encanta correr y se está preparando para su primer maratón, minimízalo con la irrelevancia del momento, pero apúntalo y date a la tarea de encontrar un buen libro que hable sobre esa disciplina, para que un par de semanas después, "casualmente", le mandes un mensajito donde le dices que "por casualidad" estás en una librería y viste ese libro y querías saber si ya lo tenía. Para al día siguiente "casualmente" dejar ese libro sobre su escritorio con una nota donde le dices que le deseas una buena carrera. Y obvio, "casualmente" también esa persona es quien da los aumentos de sueldo y tú tienes pensado solicitar uno en un par de meses.

Creo que me tengo que morder la lengua y callar, pues sin querer ya te enseñé un poquito sobre el arte de construir contextos y sobre ello hay un capítulo entero. Pero, en fin, el chiste de este segundo aviso parroquial era el de tener las antenas de la pragmática muy bien sintonizadas, pues muy pronto te darás cuenta de que las oportunidades para practicar se presentan por todas partes. Cada interacción con otra persona será una oportunidad para poner en práctica tus nuevas habilidades, y debes aprovechar las oportunidades para salirte con la tuya.

Tercer y último aviso: ¡Atrévete a practicar! Hay a quienes los detiene la vergüenza, el miedo al fracaso, al ridículo o a que piensen que somos ventajosos o cínicos. Incluso el otro día cené en un steakhouse con una persona de toda mi confianza a la que su carne no se la trajeron al término correcto. Cuando le comenté que se quejara me dijo "qué pena", por lo que fui yo quien me quejé por ella y además conseguí dos copas de vino gratis. Ya con nuestras copas le dije "salud", a lo que nuevamente me contestó: "Qué pena". Contra eso ya no hay nada que hacer; en lo personal soy de los que prefiere pagar por la carne como la pedí y te acepto gustoso un vinito de regalo. Si tú eres de los que prefiere comerse una suela de zapato y no beber una copa gratis, lo respeto, pero no lo comprendo, por lo que mejor deja el libro aquí y deja que los demás se salgan con la suya. Por lo tanto, ¡adiós vergüenza!

El "no" ya lo tienes y lo peor que puede pasar es que te nieguen aquello que pediste. Hace poco, haciendo una campaña para un producto académico del Colegio de Imagen Pública, quise contratar a una influencer que, según ella, cobra cincuenta mil pesos por publicación. Le ofrecí cinco mil. Me mandó a volar diciéndome que la disculpara, que nunca en la vida alguien le había ofrecido tan poco y que jamás aceptaría una propuesta así. ¿Y qué pasó con su rechazo ante mi oferta aparentemente abusiva? ¡Nada! Ni fracasé, ni hice el ridículo, ni mi ego se dañó, y en realidad no me afecta en nada si algún día cuenta que le ofrecí tan poco. Yo estoy en mi derecho de pedir y ella en rechazar. ¿En qué acabó todo? Lo hizo por diez mil y me ahorré cuarenta. La persuasión, la negociación y la seducción son de los aventados, y la práctica en el taller de la vida es la única manera de convertirte en un verdadero animal persuasivo.

Y ahora sí, ¡manos a la obra! A lo largo de los siguientes capítulos te compartiré las estrategias más efectivas para persuadir, seducir y negociar con la palabra. Este libro está escrito pensando en ti y en tus motivos. Seas un profesionista que quiere un aumento o crecer en su organización, alguien de la población adolescente que quiere pedir permisos a papás y negociar con maestros, el sagaz político que desea potenciar su carrera, la fuerza de ventas con sed de comisiones o la persona enamoradiza/calenturienta que quiere conseguir pareja o un momento de pasión; todos podemos salirnos con la nuestra y sacarle beneficios a este libro.

Y es que utilizamos la palabra en todos los contextos imaginables, desde que nos levantamos hasta que cerramos los ojos... ¡y hasta en nuestros sueños seguimos hablando y nos echamos unos rollos que ni nosotros entendemos!

Todos algún día en la regadera hemos recreado y, mejor aún, inventado un diálogo de lo que nos hubiera gustado responder o de lo que le vamos a decir a X o Y persona... ¿o lo vas a negar? La realidad es que el lenguaje es de esas cosas inevitables en la vida. Vas a usar la palabra te guste o no, entonces es mejor aprender a usarla a tu favor. El lenguaje puede ser nuestra mejor herramienta o algo que nos hace tropezar constantemente. Aquí aprenderás a convertirlo en un arma poderosísima para alcanzar cualquier objetivo que te propongas.

Hablábamos de personas profesionistas, vendedoras, políticas, adolescentes y hasta seductoras; pero ahora quiero que hablemos de ti. El hecho de que estés aquí conmigo me dice que tienes curiosidad y deseos de aprender algo. Quiero saber más; no quiero saber qué es lo que deseas aprender, deseo saber por qué lo quieres aprender. ¿Qué traes en tu agenda de vida que te hizo leer un libro para salirte con la tuya? Quiero que en este momento pienses el por qué estás leyendo y cuál es el motivo de que sigas escuchándome.

MOTIVACIONES

Una de las palabras más sobadas de los últimos tiempos es la palabra *motivación*. Los líderes motivacionales, las conferencias motivacionales y los gurús con podcasts donde se atreven a decir que el pobre es pobre porque quiere o que lo que necesitas es levantarte a las 5 a. m. y meterte en una tina de hielos para encontrar motivación hacen que la palabra se encuentre un poco prostituida y se confunda con simple entusiasmo o "échale ganas". Pero la motivación es mucho más, la motivación es la madre de la persuasión, la seducción y la negociación. Pues la motivación es el alfa de quien persuade, seduce o negocia, como el omega de quien está siendo persuadido, seducido o negociado. La motivación es el principio y el fin. El origen y el destino. La salida y la meta. ¿Cuál es tu meta?

¿Es alguna meta profesional? ¿Hay alguien a quien quieres seducir? ¿Con quién tienes que negociar constantemente? Es posible que se te ocurran varias razones y quiero que las tengas muy claras y que las recuerdes durante todo el libro. De hecho, en un momento te pediré que escribas al menos una razón, un deseo, una meta muy particular que te servirá como ejemplo y ejercicio explicativo de cada una de las técnicas. Ya que a lo largo del libro encontrarás muchísimos ejemplos de cómo aplicar los conocimientos en diferentes ámbitos, pero estos ejemplos no son exhaustivos y es imposible pensar en que puedo poner el ejemplo justo para ti y tus motivos. Por lo que será esencial que aterrices los conceptos y las técnicas a tu propio contexto, a tu propia vida y a tus anhelos. Nadie mejor que tú podrá deducir el mejor ejemplo de lo aquí explicado. Pero regresemos a la palabra madre de este libro: motivación.

Motivación es un derivado de motivo, que viene del latín tardío *motivus*, participio pasado de *movere*, 'mover', por lo que la motivación es la causa del movimiento, la causa de la acción. Y desde el punto de vista psicológico y sociológico, se utiliza la palabra motivación para describir el conjunto de procesos que impulsan a una persona a actuar de una determinada manera o a alcanzar una meta, la razón para moverse. Así, la motivación está relacionada con los incentivos, necesidades, deseos y metas que influyen en el comportamiento humano.

Hace un momento reflexionábamos sobre tus metas, incentivos, necesidades y deseos para acercarte a este libro, y parecía que esa es la importancia de hacerte reflexionar sobre esta palabra. Pero a partir de este momento tienes que pensar en cuáles son las metas, deseos, necesidades e incentivos de tu audiencia. ¡Qué motiva a quien quieres persuadir! Qué es lo que mueve a quien seduces, y cuál es la causa por la que podría actuar a tu favor con quien negocias. Esa es la verdadera importancia de la motivación en nuestro tema.

Si tú eres vendedor de viajes a Disney, una hija que quiere pedirle permiso a sus papás para irse de viaje a Acapulco, o un negociador de rehenes atrincherados en un banco por culpa de un asaltante, ¿qué motiva a quien compra un viaje a Disney, qué motivos tendrían tus padres para negarse a dejarte ir, o qué motivó a ese ser humano a cometer un acto tan atroz?

Al descubrir las motivaciones, descubrirás lo que probablemente haga a cualquier persona hacer lo que quiera, porque su actuar será con convicción. La manera como se le presentan las cosas va alineada con sus valores e intereses, y la toma de decisiones se realiza de manera más sencilla, pues se crea una conexión emocional con las causas. El efecto nos da la certeza de que lo que se nos presenta es lo que deseamos. Al conocer las motivaciones, los intereses del otro se convierten en tus intereses, o al menos así lo das a entender. No es lo mismo lo que motiva a comprar un viaje a Disney a quien va de despedida de soltera que quien lleva a sus hijos pequeños, como no es lo mismo que el motivo de negarse al viaje sea la inseguridad de la ciudad que tus malas calificaciones. Y, por supuesto, no es lo mismo robar un banco porque perdiste tu empleo y quieres darle de comer a tus hijos que para captar la atención del mundo en un acto terrorista.

La motivación puede ser el reconocimiento, la pertenencia, la seguridad, la ambición, la vanidad, el estatus social, la victoria, la venganza, la ilusión, la preservación de relaciones, las ganancias económicas, la bondad y una interminable lista, pues cada caso, cada persona y cada contexto tendrían sus propias especificaciones, aunque el fin sea el mismo. Para que lo entiendas mejor, si el fin es que alguien adopte a un perrito, para unos la motivación puede ser la compañía porque están solos, para otros el reemplazo emocional porque acaban de perder a su mascota, y para muchísimos más la conciencia social de rescatar y darle amor a un pobre e indefenso ser sintiente que lo único que desea es que alguien lo acepte en su hogar para que juntos sean felices (¿o no se te antojó adoptarlo?). El fin es el mismo, adoptar a un perro, pero los motivos son muy diferentes.

Y si bien dijimos que los motivos son prácticamente infinitos, la realidad es que los estudios dicen que se limitan a cinco y que se resumen en solo dos: ganar algo o evitar una pérdida. Muchos estudios demuestran que la gente está más dispuesta a actuar cuando tienen mucho que perder que cuando hay poco que ganar y viceversa. En varios programas de concursos aplican la de "te retiras ahora con cien mil o pasas a la siguiente etapa con la oportunidad de ganar doscientos mil o perderlo todo", y el fenómeno es el mismo, mientras tienen poco que perder y mucho que ganar, lo arriesgan, pero cuando la pérdida ya suena mayúscula y la ganancia no tan sustancial, se retiran. Los extremos funcionan; siempre piensa en el panorama de motivos de tus audiencias –qué es lo que desean ganar o no desean perder– y exagéralos. Cuando la ganancia o la pérdida es poca, la gente no se motiva.

Si la niña les dice a sus papás: "Es que si no me dejas ir a Acapulco ya no me van a volver a invitar", la razón que argumenta no tiene motivo alguno para sus padres, quienes ni ganan ni pierden. En cambio, puede decirles: "Estoy muy emocionada e ilusionada por la oportunidad de ir a Acapulco, porque creo que es una oportunidad no solo para divertirme sino para demostrarles que ya puedo enfrentar este tipo de retos sola y reforzar nuestra confianza, pues estoy segura que me obligará a ser más responsable". Y si tiene malas calificaciones, podría rematar con: "Y sé que no voy bien en el colegio, pero si me dan la oportunidad y la confianza, lo tomaré como un compromiso personal para esforzarme y sacar buenas notas".

Hay muchas motivaciones en este argumento y mucho que perder y ganar: ningún padre quiere desilusionar a su hijo ni negarle oportunidades, pierden. Si no la dejan ir, se puede además perder la confianza entre ellos, pero si la dejan ir, además de ganar confianza, ganan doble al hacer a su hija más responsable. Si se niegan, se seguirá sacando malas calificaciones y ellos pierden, pero si la dejan ir, ahora debe pagar con buenas calificaciones. Por todo esto, sí les conviene a los padres, pues ganan o pierden mucho, por lo que se convierten en razones de peso para actuar a su favor.

Acabo de mencionar la palabra *razones,* pero aunque pensamos que tomamos decisiones con la razón, la realidad es que las tomamos con el corazón. Ahora bien, la lógica y la razón juegan un papel importante en la toma de algunas decisiones, como las de carácter financiero y de planificación en general, pero la realidad es que antes tenemos que *sentirnos* convencidos y ya después pensamos en cómo le hacemos. Nos debe "latir" antes de empezar a pensar. Si ya te convenciste emocionalmente de que quieres adoptar al perrito, ya después harás lo imposible por cuadrar el gasto en comida, organizar agenda para sacarlo a pasear y el tedioso entrenamiento de baños y ladridos... pero de que lo adoptas, ¡lo adoptas!

Como también te endeudarías pagando un viaje a Disney, aunque la razón te diga que no, pues el argumento: "No sabes lo que es verles la carita de ilusión a tus hijos al llegar a las rejas de Disney, ese momento vale todo el viaje, es indescriptible lo que se siente", te hará desembolsar de más porque lo que te venden no tiene precio. Siempre digo que la gente no compra carne y carbón para asar. Compran el momento, los amigos, el ritual de preparación, las cervezas mientras cocinan, el aire libre... Por lo tanto, vende las risas, los jugos sobre la parrilla, los olores y la música, las anécdotas... y ya si la carne salió buena es un plus, pero si estaba dura o se quemó, sigues ganando.

Ya que sabes que los motivos se dirigen al corazón y no a la razón, te confieso algo: la realidad es que este libro debería llamarse *Tratado de retórica y recursos de percepción lingüística enfocados en la estrategia y consecución de objetivos personales.* Pero creo que con ese nombre no le hubiera dado al clavo de tus motivaciones y probablemente no lo hubieras comprado... ¿O no?

Por lo tanto, ¡Salte con la tuya!, y disfruta el viaje de PSN.

CAPÍTULO 2

¿QUÉ ES PSN?

Sé que ya lo sabes porque lo mencioné, pero si no lo recuerdas, seguramente para estas alturas ya deduces que las siglas PSN quieren decir *persuasión, seducción* y *negociación.* Fue la forma más breve y comercial que se me ocurrió para nombrar y agrupar a todas las técnicas relacionadas con estas artes por ahí del año 2002, cuando empecé a dar cursos y talleres de PSN.

La cuestión es que años después se inventó la PlayStation y se adueñaron de estas siglas, por lo que al día de hoy si googleas PSN te saldrán páginas de contenidos relacionados con esta consola, o si le pides a la inteligencia artificial que te de los mejores consejos de PSN, seguro no te dará un resumen de este libro, sino te dirá que te unas a comunidades *gamer* o que con ↑↑↓↓ ←→←→ B A puedes tener vidas extras; y sí, sé que eso es de Konami y Nintendo y habla más de mi infancia ochentera que del punto al que quiero llegar, pero da igual. El chiste es que sepas respecto a esta experiencia qué es PSN más allá de las siglas. Para eso tenemos que echarnos un clavado en el significado profundo de estas palabras, desde su origen etimológico hasta lo que representan hoy en día, para finalmente llegar a una conclusión holística sobre las mismas.

Persuasión: acción de persuadir (del lat. *persuadēre* = convencer). Inducir, mover u obligar a alguien con razones a creer o hacer algo. Y al hablar de razones, sabes ya que hablamos de motivos, por lo que persuadir es utilizar una serie de argumentos altamente emocionales para convencer.

Seducción: acción de seducir (del lat. *seducĕre* = conducir o guiar a alguien). Atraer a alguien con argucias o halagos para algo. Cautivar el ánimo de alguien. La acción de seducir es esa atracción que puedes ejercer sobre alguien a través de artificios o mañas ventajosas, por ejemplo, a través de cariños verbales o recompensas al ego, con el objetivo de enamorar al otro. Cuando algo alimenta tu ánimo, alimenta tu ego. Es un caramelito a nuestro ser porque todos queremos sentirnos deseados y queridos, y cuando gustamos o alguien nos gusta, es más probable que se dé el convencimiento sobre cualquier cosa.

Muchas veces la seducción se asocia únicamente con la sexualidad, pero va mucho más allá de eso: aunque la sexualidad y la atracción física pueden ser una herramienta (de aquí parte, por ejemplo, el concepto de poner modelos/edecanes para fomentar las ventas), hay muchísimas otras maneras de cautivar el ánimo de las personas. Al hablar de enamorar al otro nos referimos más a que se sienta tan entusiasmado y comprometido que se pierda la identidad objetiva y que las acciones se guíen por la identidad emocional, por la subjetividad del amor que mata a la razón. La gran mayoría del tiempo no se trata de que se enamoren de ti, sino que la seducción se encamina para que se enamoren de un proyecto, de un producto o de la causa por la que elegiste el camino de la seducción. Seguramente tienes algún amigo, amiga, colega o familiar que simplemente le cae bien a todo mundo y tiene un carisma que cautiva a los demás, y eso hace que quienes rodean a esa persona siempre la quieran complacer. Esa es la seducción no sexual que hay que tener muy presente.

Negociación: acción de negociar (del lat. *negotiāri* = ajustar el valor). Hacer tratos e intercambiar para aumentar el caudal. Tratar asuntos procurando su mejor logro. Tratar por la vía diplomática, de potencia a potencia, un asunto. Tratos dirigidos a la conclusión de un convenio o pacto. Tratos, tratos y más tratos. ¿Con qué objetivo? Con el de llegar a un acuerdo. Para que exista una negociación debe haber dos partes que están en un intercambio con un posible beneficio mutuo. Y así como la seducción desafortunadamente solo se asocia con la sexualidad, la negociación tristemente solo se asocia con los acuerdos comerciales para ajustar un precio. Pero la realidad es que todo el tiempo estamos negociando, desde a qué restaurante vas a ir a comer en un plan de amigos hasta el uso del teléfono celular con tus hijos en la mesa. Unos quieren comer tacos y otros sushi, unos no quieren que se vea el teléfono y los otros creen que no pueden vivir sin él. Por lo que se llega a un acuerdo a través de un estira y afloja donde se ceden cosas y defienden causas, y todos felices cuando la negociación fue positiva.

Ahora bien, muchos confunden la negociación con la extorsión. La extorsión sucede cuando las partes tienen un poder desigual y quien tiene más poder exige algo de la otra parte sin que aquella tenga un verdadero poder de negociación. Por ejemplo, una madre quiere que su hijo adolescente haga la tarea o limpie su cuarto y le prohíbe el celular hasta que lo haga. Esto no es una negociación porque el hijo no tiene opción (a menos que sepa negociar). Por eso lo que hacen los secuestradores es extorsionar, pero lo que hacen los que recuperan secuestrados es negociar. Suena a cliché, pero la negociación busca el ganar-ganar, aunque la realidad es que todos queremos llevar agua a nuestro molino y ganar siempre lo máximo posible, cediendo lo mínimo o nada.

Ahora sí, te explico por qué utilizo las siglas PSN juntas y por qué debemos verlas de manera integral. Es por estos tres principios fundamentales:

1. Toda persuasión involucrará un proceso de seducción y negociación. Cuando intentamos persuadir o convencer a alguien de algo, ya sea que haga una acción que nosotros queremos o que adopten nuestros puntos de vista o ideales, siempre hay de por medio una negociación y una seducción. Seducimos al otro para que perciba nuestra idea o propuesta como atractiva, y negociamos entre lo que la contraparte quiere y nuestros propios deseos. No podemos separar la persuasión de la seducción y la negociación.
2. Toda seducción se hará con fines persuasivos o de negociación. Quien seduce es porque algo quiere o porque sabe que puede sacar un beneficio. Si te halago, te invito a comer y te hablo bonito, es para persuadirte de que estés conmigo y ya después negociaremos hasta qué punto. Y si con esta última oración pensaste nuevamente solo en la seducción sexual, vuélvela a leer y date cuenta que también es lo que haces con tus clientes, inversionistas y demás personas con las que quieres sacar algún provecho. La seducción no tiene sentido si no hay objetivos, por lo que no podemos separar la seducción de la persuasión y la negociación.
2. Toda negociación necesitará de la persuasión y la seducción. Al negociar, forzosamente utilizamos la persuasión y la seducción para que la otra parte esté de acuerdo con lo que más nos conviene y poner la balanza a nuestro favor. Sabemos que emocionalmente debe ser un ganar-ganar, pero objetivamente es un juego de quién gana más, ya que si las dos partes tuvieran exactamente los mismos intereses o estuvieran de acuerdo en lo mismo, no habría necesidad de negociar, pues ya tendrían la solución de antemano y no necesitarían convencerse o halagarse. Por lo tanto, tampoco podemos separar la negociación de la seducción y la persuasión.

Y por eso PSN es un concepto holístico, los tres elementos son parte de un todo que habita en el mismo conjunto. No podemos separarlos, aunque sí verlos como diferentes facetas de lo mismo; la línea que los divide es tan delgada que muchas veces ni existe, pues las tres acciones se mezclan para lograr un objetivo. Imagínate un triángulo equilátero donde las tres puntas son la persuasión, la negociación y le seducción. No podemos quitar ninguna sin que el triángulo se deshaga y se caiga la estructura.

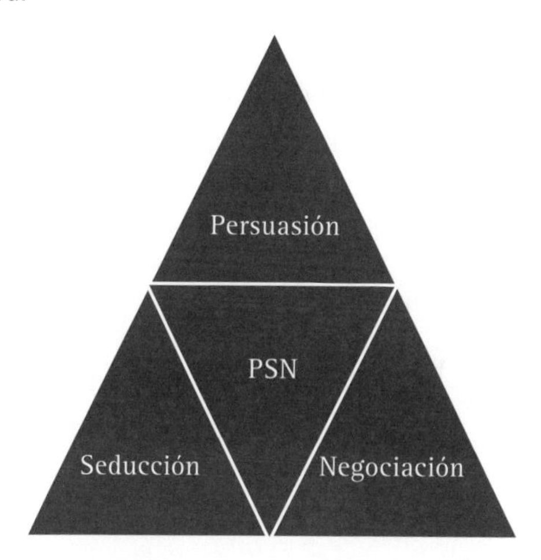

Toda persuasión involucra cautivar el ánimo de la otra persona, y en cualquier negociación se están dando razones y motivos para que la gente actúe de cierta forma. Siempre que seducimos lo hacemos con algún fin persuasivo o de sacar ventaja en un acuerdo. Y para que cualquier negociación te traiga una verdadera ventaja, necesitarás la persuasión y la seducción. Las tres acciones son parte del mismo concepto. Lo que importa es el resultado. Por lo que podemos concluir que:

PSN ES COMUNICACIÓN CON RESULTADOS

Una vez que entiendas esto, te darás cuenta que de nada nos servirá etiquetar si las estrategias y técnicas que empezaremos a ver pertenecen más al ámbito de la persuasión, la seducción o la negociación. ¡Es irrelevante! Por lo que no perderemos tiempo en catalogar o capitular hacia qué línea del triángulo se acercan más; el chiste es el resultado. Pero lo dejo en claro porque si de aquí en adelante utilizo las palabras en lo individual o, por ejemplo, hay un capítulo específico de estrategias de negociación, tu mente debe tener siempre presente que no podemos separar la P de la S de la N. ¡Todo lo que aquí veremos será PSN! Por lo tanto, queridos hijos e hijas de Córax (no se me olvida que aún no te he dicho quién es), a persuadir, seducir y negociar, que tus objetivos vas a lograr.

¡SALTE CON LA TUYA!

Motivaciones:

En muchas partes del libro encontrarás espacios como éste que tienen el propósito de orillarte a reflexionar, practicar y aterrizar los conceptos aprendidos a tus objetivos. Serán espacios bautizados como el título del libro para que puedas poner tus propios ejemplos y visualices cómo le harás para salirte con la tuya.

Pero... ¿qué o cuál es "la tuya"? ¿A qué te refieres con ese adjetivo posesivo que te inclinó a leer este libro? ¿Cuál es tu objetivo? ¡Definamos tu motivación!

La vida se trata de persuadir, seducir y negociar, por lo que sin darte cuenta ya has utilizado PSN. Pero ahora debes hacerlo consciente. Tómate un momento y piensa en situaciones donde hayas utilizado PSN. Piensa o apunta...

Una situación en la que hayas persuadido o querido convencer a alguien de algo:

____

____

____

Una situación en la que hayas seducido a alguien con alguna acción para agradarle y así lograr algo:

____

____

____

Una situación en la hayas negociado algo con el objetivo de llegar a un acuerdo:

___

___

___

Una vez que hayas identificado estas tres situaciones, si no es la misma, quiero que para cada una de ellas reflexiones sobre cómo en realidad no era solo un acto independiente, sino PSN. Por ejemplo, en tu situación de persuasión, ¿cómo sedujiste o a qué acuerdo querías llegar? Y así hazlo con las otras situaciones. Piensa en qué elementos de la situación se ubicaban en cada uno de los tres puntos del triángulo. La intención de esto es que analices tus experiencias pasadas, para definir ahora la motivación futura desde la metodología de este libro. De hecho, si estos eventos pasados no llegaron a buen término, puedes utilizarlos como ejemplo de qué hubieras hecho mejor de haber tenido este conocimiento.

Los ejemplos que yo utilizaré serán tan variados, generales o extremadamente particulares como las consultas que recibo a diario. No serán producto de mi imaginación, o si le pongo parte de ella, parten de una realidad. Hace poco escuché a mi sobrina decir que la invitaron a Acapulco pero que sus papás no la iban a dejar; una prima levantó a un perrito callejero recién nacido y lo estaba ofreciendo en adopción por redes, y yo mismo acabo de terminar una serie de Netflix y me enfrasqué en una negociación de cuál era la siguiente a ver pues queríamos cosas diferentes. Igual me toca capacitar en estos temas a vendedores de seguros como a representantes médicos que deben convencer a los especialistas de salud en recetar su medicamento. Y obvio en campañas políticas capacito en debate y todos los manejos de crisis que hago de figuras públicas están plagados de PSN.

Pero debemos conocer qué es LO TUYO para que puedas salirte con LA TUYA. Por lo que ahora sí define:

¿QUÉ ES PARA TI SALIRTE CON LA TUYA?

Apuntarás a continuación al menos un objetivo, al menos un motivo que te orilló a comprar este libro. Lo pondrás a manera de deseo respondiendo a la pregunta: ¿Cómo quiero salirme con la mía?

Aquí algunas repuestas que me llegaron en un ejercicio en redes que hice sobre esta dinámica. Que te sirvan como ejemplo para que al final, me pongas la tuya.

Quiero salirme con la mía...

- Logrando un aumento de sueldo este trimestre.
- Convenciendo al profesor que no me repruebe porque me faltan solo décimas para pasar la materia.
- Ligándome a mi compañero de trabajo.
- Convenciendo que me dejen trabajar en home office pues ya no le veo sentido ir a la oficina.
- Que mi ex sea más flexible con los fines de semana cuando nos toca tener a los niños.

Y ahora sí, la TUYA:

____

____

____

¡Listo! El compromiso es que si aplicas lo aprendido a lo aquí decretado, al cerrar la última página tendrás todas las herramientas necesarias para obtener eso que te mereces. Manos a la obra y...

¡SALTE CON LA TUYA!

CAPÍTULO 3

ESTRATEGIAS SOFISTICADAS

Cuando hablamos de manipulación, te dije que las estrategias de PSN, como todo conocimiento sofisticado, se podían usar para el bien o para el mal. Y te comenté que la palabra *sofisticado* no podría haber estado mejor empleada. Y es que te tengo un chismecito histórico que te va a encantar... Y sí, sé que mejor te tendría que chismear quién fue Córax, pero ya llegaremos a eso.

Si buscas el significado de *sofisticado*, encontrarás que se define como cualquier cosa compleja, muy avanzada y con falta de naturalidad o artificiosa. La palabra proviene del griego σοφιστικός (*sophistikós*) que es lo relativo a la sabiduría, pues *sophos* y *sophía* es sabiduría, como seguramente lo has escuchado en el "amor por la sabiduría" o la filosofía.

¿Pero esto no explica la definición de sofisticado no crees? Y es que *sophistikós* no es tal cual lo relativo a la sabiduría, sino a los más hábiles y astutos comunicadores de la historia: los sofistas. Y aquí es donde el chismecito se pone bueno.

Estos magos del lenguaje llegaron exiliados a Grecia debido a las Guerras del Peloponeso con una amplia escuela detrás, pero sobre todo con un negociazo ya probado, pues en sus tierras se dedicaban desde hace mucho tiempo a educar a los ciudadanos en las artes de la PSN, por lo que rápidamente se hicieron ricos y famosos por su capacidad de manipular la verdad.

Los sofistas, a mi parecer, eran los alquimistas del lenguaje, pues podían hacer parecer lo negro blanco y viceversa, además de transformar en oro todo lo que salía por sus bocas o las de sus estudiantes. ¡Y de hecho así se anunciaban! Decían que si los contratabas harían de tus palabras el mejor armamento, que podrías envenenar con tus argumentos y que podrías conseguir que te dijeran sí a todo. El primero en llegar a Atenas fue Gorgias, muy contemporáneo de Sócrates, pero el más popular fue Isócrates, quien era unos diez años más grande que Platón.

¿Y el chismecitooo? Ah, pues a eso vamos. Es obvio que a los filósofos clásicos no les caía en gracia que hubiera maestros que cobraban por enseñar a persuadir y decirles a los aspirantes a políticos y comerciantes cómo manipular. Sócrates y sus discípulos eran lo opuesto, pues de entrada no cobraban, y lo más importante, se enfocaban en que la gente supiera cómo pensar y no en nublar la razón. Pero ambos compartían algo: una palabra en sus planes de estudio, pero con diferente enfoque. Es una palabra que ante el pueblo los confundía a unos con otros, una palabra que los sofistas usaban más, pero que los filósofos luchaban por adueñarse y cambiarle el sentido. Esa palabra era *retórica*.

Y si ya de por sí había pique, la gota que derramó el vaso fue cuando Aristófanes, cuyas satíricas obras de teatro serían el equivalente a las revistas de chismes de hoy, representó y ridiculizó a Sócrates en su obra *Las nubes*, presentándolo como si fuera un sofista estafador que se enriquecía a costa del pueblo. Esta obra de teatro generó tanto ruido y confusión que Sócrates fue llevado a juicio por cargos de corrupción a la juventud e impiedad, juicio que perdió porque rehusó a defenderse con técnicas sofistas, y utilizando su mayéutica y el método socrático, lo único que consiguió fue desesperar a los miembros del jurado, quienes llegaron al veredicto de que Sócrates era culpable. Su sentencia... ¡pena de muerte!

Sócrates, en lugar de huir, decidió respetar las leyes y él mismo se ejecutó bebiendo la cicuta, un veneno hecho con base en una hierba del mismo nombre. Esto le dolió tanto a Platón que dedicó mucho tiempo de su vida a limpiar la imagen de su maestro. Parte de ello fue volcarse en desprestigiar a los sofistas, haciéndoles mala imagen a ellos y a su retórica, intentando acabar con sus enseñanzas y su reputación.

¿Ya entendiste por qué la palabra "sofisticadas" estuvo muy bien empleada para referirnos a las técnicas de este libro? ¡Y es que somos los sofistas de los tiempos modernos! Los que pensamos que es mejor defendernos que salir envenenados.

Y el chismecito se pone aún mejor... pero ya lo retomaré, pues de momento quiero empezar con el conocimiento. Si los sofistas decían que podían lograr que nos dijeran *sí* a todo, quiero enseñarte algunas de sus técnicas como un entremés al amplio banquete que nos daremos:

PÓKER DE CHANTAJE O CÓMO HACER QUE TE DIGAN QUE SÍ A TODO

Si bien todas las técnicas del libro podrían caer en este capítulo, pues están encaminadas a lograr la aprobación y salirnos con la nuestra, existe un póker de técnicas que funcionan como la introducción perfecta para conseguir el *sí*. Son cuatro técnicas que en lo individual son muy efectivas, pero si las combinas, se volverán letales por su capacidad de conseguir un *sí*.

Muy pronto te darás cuenta del porqué de su efectividad, solo te pido un enorme favor: sigue leyendo un poco más y pon mucha atención a cada palabra. Si no lo haces, seguramente te perderás de un conocimiento que puede ayudarte mucho y cambiarte la vida. Además tú, que sin duda eres inteligente, pues si no nunca hubieras recurrido a este libro, al conocer estas recomendaciones ya no caerás en las trampas de manipulación que comúnmente usamos para pedir las cosas. Y finalmente te confieso algo: desprenderme de estas técnicas y regalártelas me está costando mucho trabajo, es la primera vez que lo hago, pues sé que si muchos las tienen, el secreto y la magia se perderá... Por lo que si lo hago es solo para ayudarte, y si no sigues leyendo con atención, este sacrificio que hago por ti no tendrá ningún sentido... Por lo tanto ¿seguirás leyendo?

¿Te diste cuenta de mi chantaje? Si no, vuelve a leer el párrafo anterior pues en esas líneas está el póker de técnicas que a continuación verás: exageración, culpa, halago y victimización, que hicieron que en automático respondieras que sí a mi petición final de seguir leyendo.

1) Técnica de la exageración:

"Te pido un enorme favor" y "es crucial para que lo consigas" son las que utilicé en el párrafo inicial. Pero "me quiero morir, por favor ayúdame" o "estoy metido en una mega bronca, ojalá me puedas alivianar", son algunas de las frases que solemos usar antes de pedir algo cuando en realidad no son cosas tan grandes e importantes.

Esto hace que la otra persona se sienta presionada y esté más dispuesta a aceptar lo que se le pide. Para no caer en esta trampa siempre pregúntate: ¿qué me pasaría a mí o al otro si me niego? Si la respuesta es: ¡Nada! Atrévete a decir que no. Esta técnica consiste en exagerar la situación para hacer a la otra parte sentir que algo muy grande está en juego. "Te necesito pedir algo muy muy importante..." es el preámbulo perfecto para que la otra persona esté mucho más dispuesta a decir que sí, pues al exagerar la situación los sentimientos de miedo sobre lo que podría pasar si la respuesta no es afirmativa nublan la razón por el temor a decepcionar.

2) Técnica de la culpa:

Este sentimiento es una de las razones más poderosas por las que la gente dice que sí cuando realmente quiere decir que no. "Es que si no lo presento para mañana me van a correr o me voy a sacar cero", es una causa para aceptar hacerle el trabajo o la tarea a alguien, aunque no sea nuestra responsabilidad. O, "es que si me regreso ahorita de la fiesta me tendría que ir con Juan que ya está borracho, prefiero esperarme media hora a que se vaya Sofía y me lleve", es un gran argumento para sacar media hora más de fiesta. En estos casos debes preguntarte: ¿Si lo corren, reprueban o es irresponsable para subirse al coche de un borracho sería mi culpa? Si la respuesta es no, ¡niégate! Y es que desde el misericordioso: "Es que no he vendido nada y mi familia no tiene que comer", hasta el drástico: "Si me dejas me aviento por la ventana", son ejemplos de cómo la negativa a comprar o a estar en una relación nos harían supuestos culpables por la pobreza o el suicidio de alguien más... ¡Y no es cierto!

Por lo tanto, la técnica consiste en plantear la situación de manera que la otra persona se sienta culpable si no hace lo que tú quieres, y que será responsable de lo malo que pasará: "Si no cuidas a mis hijos esta tarde, no podré ir a trabajar y no les voy a poder dar de comer" o "si no me prestas dinero, no podré pagar las colegiaturas y van a correr a mis hijos de la escuela", serían otros ejemplos. En el párrafo inicial, yo desperté tu sentido de culpa al decirte que si no continuabas leyendo te perderías de un conocimiento que podía ayudarte mucho y cambiarte la vida.

3) Técnica del halago:

"Tú que sin duda eres inteligente, si no nunca hubieras recurrido a este libro" fue el caramelito al ego que te regalé en mi ejemplo inicial. "Tú que eres un genio del Excel...", "necesito de tus superpoderes para armar cosas..." o simplemente "qué haría yo sin ti...", son abrazos al alma que el que desea obtener un sí intentará usar para convencerte de que aceptes su petición. En inglés se le llama coloquialmente *buttering up*, que se traduce como "aplicar mantequilla" para que todo resbale más fácil. Está comprobado que las personas estarán mucho más dispuestas a decir que sí cuando se sienten amadas o importantes, pues intentarán complacernos.

Esta estrategia se puede llevar al límite si nos dedicamos a aplicarla constantemente, no solo cuando queremos algo puntual. Tratar bien y halagar continuamente a personas que en el futuro te pueden ayudar con cosas importantes es la mejor manera de usar esta técnica, pues si solo dices cosas lindas cuando quieres algo y el resto del tiempo eres una persona arisca, tu contraparte puede darse cuenta y la estrategia termina siendo contraproducente.

4) Técnica de victimización:

A esta también se le llama "me tiro para que me recojas", y consiste en que la otra persona se menosprecia o echa algo en cara que le pesa, para después solicitar. ¿Recuerdas que desprenderme de estas técnicas y regalártelas me costó mucho y si lo hice fue solo para ayudarte? ¡Vaya que me victimicé!

Si se utiliza de manera correcta y con la sutileza que requiere, ni siquiera tendrás que pedir nada, sino que la persona con la que estás tratando pensará que fue idea suya ayudarte, así de poderosa puede ser esta técnica. Por ejemplo, si quieres que te den un día personal en el trabajo con goce de sueldo pero sin descontarte de tus vacaciones, puedes utilizar esta técnica dramatizándole a tus superiores tu cansancio, contándoles lo mucho que has estado batallando por dormir y la situación difícil de vida que estás atravesando, hasta que te digan: "¿Por qué mejor no te tomas el día?"

Este póker de chantaje te ayudará a conseguir el *sí* en cualquier situación, pero la baraja es muy amplia y esta fue solo una probadita, pues más adelante retomaremos a los sofistas y su larga lista de técnicas. De momento solo quería que empezáramos a calentar motores y, sobre todo, que empezaras a practicar.

¡SALTE CON LA TUYA!
Póker de chantaje:

En este momento ya tienes cuatro técnicas que puedes poner en práctica. Decidí empezar con solo cuatro para que enfoques toda tu atención en ellas y luego ir de menos a más. Tu tarea en este momento es visualizar y escoger el momento concreto en el que vas a utilizar cada una de ellas, ya sea por separado o haciendo un gran póker, siempre encaminadas al objetivo que seleccionaste.

Es posible que al principio te sientas un poco torpe en la ejecución de las técnicas. Es normal, pues aún estás en la etapa de la competencia consciente y todavía no saldrá de manera natural. Quizá digas la cosa equivocada y la técnica no funcione. No te preocupes, ¡de los errores se aprende! Por lo que no vayas de entrada a decirle a tu jefe o "víctima" lo primero que se te ocurra. Te recomiendo en este ejercicio y en todos grabarte en notas de voz y escucharte hasta que suenes convincente, pues lo importante es hacer una reflexión consciente de qué nos salió bien y en qué fallamos para volver a intentar y no cometer errores.

Por lo tanto, alineado a tu objetivo, ¿cómo vas a utilizar las técnicas de exageración, culpa, halago y victimización?

De verdad es importantísimo que no pases al siguiente capítulo hasta no ejemplificar en voz alta lo aprendido aquí, pues si sigues leyendo sin practicar, simplemente aprenderás y no lo aprehenderás (de aprehensión), por lo que sería tu culpa y mi trabajo... ¿En serio tengo que aplicarte nuevamente el póker o mejor ya me quedo con par?

BLAH, BLAH, BLAH... ¡ME CONVENCISTE!

"No hay nada tan increíble que la retórica no pueda volverlo aceptable".

Cicerón (106 AC - 43 AC)

Pues dejamos el chismecito en que Platón y los sofistas se repudiaban y que el filósofo, a partir de la muerte de Sócrates, descartó la retórica y la presentó como algo negativo, turbio y de métodos engañosos. Quién iba a pensar que años después su principal discípulo sería el mayor impulsor de la retórica...Uuuuy, ¡habemus chisme!

Al morir Platón, Aristóteles, a mi parecer un poco ardido porque su maestro no le dejó la dirección de su escuela, La Academia, fundó la propia: El Liceo. Bajo la necesidad de atraer alumnos, decidió empezar a enseñar lo que realmente era popular: la retórica de los sofistas, que pese a los esfuerzos de Platón seguía más viva y demandada que nunca. Pero el mercado lo tenía dominado Isócrates, el discípulo directo de Gorgias que te conté era el más famoso. Aristóteles decidió escribir un libro para así tener una ventaja competitiva en el mercado marcando las reglas del juego. ¿Cómo le puso a su libro? Pues simplemente... ¡*Retórica*! Y así se apañó el lugar en la historia como si fuera el padre de la retórica.

Los sofistas trabajaban de manera empírica, sin textos ni método, pero Aristóteles la convirtió en *techné*: una habilidad práctica que podía enseñarse con una metodología, acción con la que nos podemos imaginar a su maestro Platón retorciéndose en su tumba (o en los Campos Elíseos según su mitología). Si no puedes contra ellos... ¡absórbelos! Y así Aristóteles mezcló los dos mundos, el de los filósofos y el de los sofistas, y de una forma más mesurada empezó a hablar del poder de la palabra con todo y sus dilemas éticos. ¿Pero qué es la retórica según Aristóteles y cómo debemos verla a partir de él?

La retórica es algo que todos los seres humanos usamos sepamos lo que es o no. Es el núcleo de por qué utilizamos el lenguaje. Definida de manera sencilla para este libro, podemos decir que la retórica es el arte de la persuasión, la seducción y la negociación.

Aristóteles decía que es el intento de influir en el otro mediante las palabras, porque si usamos el lenguaje es porque conseguimos algo con él. Los seres humanos somos un caldero que hierve en deseos, y lo que vincula al deseo con el lenguaje es la retórica. Cualquier cosa que digas que inspire, preocupe, haga reír, entristezca, defienda, ataque, engañe o busque la verdad... todo eso será retórica.

Podríamos generalizar que lo que busca la retórica es provocar efectos a través de la palabra, a partir de las técnicas y habilidades del lenguaje. Por lo tanto, ¿cuál es la diferencia entre retórica y PSN?... ¡Ninguna! Ya te había dicho que este libro en realidad tendría que llamarse retórica y no sé qué más, pero no seduciría igual. Tanto la retórica como la PSN son comunicación con resultados.

Te cuento todo esto pues a continuación veremos el que a mi parecer es el mayor aporte de Aristóteles a la retórica, y que para tus objetivos será oro molido (y ya hablaremos también de figuras retóricas, pero hago el paréntesis para que sientas el poder de la metáfora que acabo de hacer). Este aporte aristotélico son los tres Pilares de la Retórica, los tres pilares de la persuasión, la seducción y la negociación. Los pilares del Ethos, Logos y Pathos.

LOS TRES PILARES DE LA PSN

Un pilar es un apoyo, una estructura resistente que funciona como soporte y en donde descansa algo, son los cimientos sobre los que vamos a construir. Y si queremos convencer, nuestros argumentos deben estar muy bien cimentados y descansar en toda una estructura sólida de credibilidad. Ese es el objetivo de estos pilares: soportar la credibilidad de lo que decimos y darles la solidez necesaria a nuestras palabras, para que se doten de seguridad, confianza y credibilidad en quien las escucha.

Estos pilares pueden soportar nuestra credibilidad ya sea por separado, mezclándose con otro pilar, o en el conjunto de los tres; ya aprenderás cuando es conveniente soportarnos en uno o en otro, lo importante a recalcar de momento es que ninguno de estos tres pilares es más importante que otro.

Todo es relativo a cada momento, persona o situación en donde deseas persuadir, seducir o negociar. Ya lo entenderás mejor, pero antes, entendamos cada uno de estos pilares con profundidad, para después ver en qué terreno debes cimentarte al momento de convencer.

1) Ethos:

Una vez escuché al especialista en retórica, Sam Leith, explicar que el ethos es decir: "Cómprame mi coche usado, soy Lewis Hamilton", y me encantó la sencillez para explicarlo. Es obvio que al ser un piloto campeón de F1, la gente asume que su coche es mejor que los demás. ¿Pero si no eres piloto de F1 también puedes usar tu ethos para vender tu coche? ¡Claro! Ya verás cómo.

El ethos es la persuasión, seducción y negociación basada en la credibilidad del orador. Se vincula directamente con los prejuicios de la gente y con lo que ya se conoce o presupone del emisor y su contexto. Y al decir presupone... ¿te acuerdas de la pragmática? ¿Esa que al inicio del libro mencionamos como la parte de la lingüística que estudia el uso del lenguaje y su relación con los usuarios y las circunstancias de la comunicación? Pues bueno, dentro de la pragmática están las presuposiciones, que es lo que se infiere del emisor o receptor de un enunciado, o del enunciado en sí, debido a conocimiento previo que genera una información implícita. Y sí, sé que te sonó a mucho rollo y mejor me callo, pues las presuposiciones son aún más complejas. Por eso mejor te lo explico de manera más coloquial: las presuposiciones son lo que la gente da por hecho.

Por lo tanto, debes aprovechar lo que la gente da por sentado o trabajar en crear todo un contexto para que la gente de por hecho las cosas. Ya lo dijo el lingüista Luke N. McCluskey en su libro *Pragmatic, semantic & more*: "Supón que la gente presupondrá".

O sea, tú da por hecho que la gente va a suponer que las cosas son lo que parecen. ¡Nos dejamos llevar por las apariencias! Y no me refiero solo al físico, sino en general a lo que las cosas aparentan ser. ¿Y qué crees? ¡Que el tal Luke N. McCluskey no existe! Ni su libro ni su frase. ¡Me los acabo de inventar! Pero tú diste por hecho que existían, pues mi ethos como autor de este libro me dio esa licencia de credibilidad.

Y en este caso te engañé, pero no te confundas, no se trata de ir engañando (aunque se puede y quedamos ya no debatirnos entre dilemas éticos), se trata de ir generando estrategias de percepción y utilizar el contexto para ganar credibilidad. Eso es el ethos, la credibilidad del orador, por lo que depende exclusivamente de nosotros.

¡EL ETHOS ES LA IMAGEN PÚBLICA!

¡Sí! Mi trabajo se trata de empoderar el ethos de las personas e instituciones para lograr sus objetivos. Por lo que aquí debo hacer un graaaan paréntesis para explicar brevemente qué es la imagen pública y su importancia. Si eres seguidor de mi trabajo sé que ya lo sabes y no está de más repasar, pero si no, te doy la bienvenida a esta fascinante área del conocimiento que es fundamental al momento de salirte con la tuya.

Paréntesis de imagen pública

Imagen es percepción, así de sencillo se define, y la manera en que los demás nos perciben va a configurar nuestra imagen. Esta imagen mental se juntará con opiniones convirtiéndose en nuestra identidad y en la realidad de quien nos percibe. Esto quiere decir que ¡nosotros no somos dueños de nuestra imagen! Pues nuestra imagen vive en la cabeza de los demás.

Ahora bien, esto no quiere decir que no seamos absolutamente responsables de la misma... ¡somos totalmente responsables de nuestra imagen! Ya que la percepción es una consecuencia de algo más: los estímulos, que son todas las cosas que hacemos que impactarán los sentidos de quien nos percibe.

Por lo tanto, podemos afirmar que imagen es percepción, que se convierte en identidad y que se produce por estímulos. Y podemos concluir que si controlamos los estímulos, controlamos la percepción, y si controlamos la percepción, controlamos nuestra imagen.

Entendiendo el concepto de imagen, podemos comprender que el proceso de control de la percepción es muy complejo y delicado, pues existe una gran cantidad de estímulos que hay que poner en armonía y coherencia para lograr ser identificados de la mejor manera y así lograr nuestros objetivos. Es por eso que existe todo un sistema de catalogación y subcatalogación de estímulos que dan como resultado diferentes tipos de imágenes y que vienen claramente expuestas en el libro *El poder de la imagen pública* de Víctor Gordoa (1999) y que a continuación resumo brevemente.

La primera catalogación es sencilla: se puede crear la imagen de una persona o la de una institución. La siguiente catalogación es la de las imágenes subordinadas, que agrupan y dividen a los estímulos en diferentes categorías para facilitar el proceso de diseño y producción de la gran imagen personal o institucional. Estas son la imagen física, la imagen profesional, la imagen visual, la imagen audiovisual, la imagen ambiental y la que es motivo de este estudio, la imagen verbal.

Si imagen es percepción, la imagen verbal será la percepción que se tiene de una persona o institución por parte de sus grupos objetivo como consecuencia del uso de la palabra oral o escrita.

Ya que entendimos qué es imagen, debemos meter un último concepto que es de vital importancia cuando de generar credibilidad se trata. Una vez que percibimos, juzgamos e identificamos, pero esa identidad se queda sostenida en el tiempo, arraigando en nuestra mente un prejuicio al que recurriremos cada vez que se nos haga presente la causa que lo produjo. Esa imagen sostenida en el tiempo es la reputación. A eso me dedico como consultor en imagen pública, a crear, cambiar o cuidar lo más preciado que una persona o institución puede tener: su reputación. Por eso te decía que los que nos dedicamos a la imagen pública nos dedicamos a empoderar el ethos, pues nos dedicamos a dotar de credibilidad a algo o a alguien.

Cierro este paréntesis sobre qué es la imagen pública diciéndote que, si aún no has trabajado con tu ethos, leas mis libros *El Método P.O.R.T.E*, que empoderará tu ethos a través de la imagen física, *La Biblia Godínez*, que solidificará tu ethos en el trabajo y tu vida profesional, e *Imagen cool*, que te ayudará a tener un ethos de alguien que se sabe conducir ante cualquier situación. Y, por supuesto, es indispensable y casi una obligación que leas *El Método H.A.B.L.A.*, orgullosamente el libro más vendido de un autor latino sobre el tema de hablar en público e imagen verbal. Con su lectura, tu ethos como orador se empoderará, ya que está diseñado para enseñarte a hacer presentaciones orales frente a los demás de manera efectiva. En este libro nos centramos más en lo que dices, en *El Método H.A.B.L.A* nos enfocamos en cómo lo dices. Son libros hermanos y te garantizo que con su lectura te convertirás en un comunicador eficaz y perderás cualquier miedo a hablar en público; es difícil persuadir, seducir y negociar si antes no sabes hablar en público.

También puedes acudir a los estudios del Colegio de Imagen Pública, a su canal de YouTube y a mi podcast, donde encontrarás muchísimos consejos de todas las áreas para trabajar sobre tu ethos. Pero cerramos el paréntesis.

Regresando al ethos, lo que éste busca es generar la adecuada impresión y reputación ante el público. Recuerda que se basa en prejuicios, por lo que hay que usarlos a nuestro favor. Si te vistes de traje oscuro, telas delgadas y lisas, camisa o blusa blanca, zapatos de vestir de agujeta o de tacón cerrado, y tu aliño corporal y maquillaje son sobrios y cuidados, la gente presupondrá que tienes autoridad, eres responsable y te conduces con seriedad. Por el contrario, al estar de jeans, sneakers y t-shirt, comunicarás que eres una persona accesible y relajada. Ninguna es mejor que la otra, todo es relativo a tus objetivos y las necesidades de tus audiencias. Por ejemplo, cuando vemos a una persona en bata blanca de laboratorio, presuponemos que tiene conocimiento sobre ciencia o sobre medicina. Hasta en algunas farmacias con dudosa ética, las personas que atienden portan una bata sin ser médicos, haciendo que confíen en ellos y hasta les pidan recomendaciones. La bata les da un ethos.

Hay cosas que no puedes cambiar y también generan prejuicios como tu edad, tu raza, nacionalidad y elementos afines que son parte de nuestro ser. Por ejemplo, no es lo mismo debatir sobre el aborto, ya sea a favor o en contra, siendo hombre o mujer, pues una mujer tendrá mucho más ethos para hablar sobre el aborto simplemente porque un hombre no se puede embarazar.

¿Pero qué pasaría si un hombre con una historia de vida donde su mamá quiso abortar pero no lo logró, y que por los intentos de aborto y ocultar el embarazo nació con una malformación, dijera que no abortes pues vivir es lo mejor que le ha pasado? ¡O dijera lo contrario! Sin duda en ese momento tiene más ethos que cualquier mujer.

Por eso el chiste es explotar los prejuicios positivos de tu ethos, ocultar o minimizar los negativos, y sembrar un contexto que te ayude en estos terrenos. Incluso tienes que pensar cómo las objeciones a tu ethos pueden convertirse en razones. Si los prejuicios de tu juventud o vejez no te funcionan, transfórmalos en frescura y experiencia.

Por ejemplo, un nutriólogo pasado de peso tendría poca credibilidad, pero qué tal si te dijera: "Yo sé lo que estás pensando, que cómo es posible que este gordo tenga el descaro de decir que te va a hacer bajar de peso... ¡lo sé! Y es que yo no tengo algo que espero tú si tengas, porque si no, salte de mi consultorio y no tires tu dinero a la basura. Debes tener algo que los más de 1,200 pacientes a los que les he cambiado la vida sí han tenido. Algo que toda esta gente que ves colgada en las paredes con sus fotos de antes y después sí tuvo desde el primer día que me conocieron. ¡Debes tener voluntad! Yo no la tengo... ¿y tú?" ¡Aplausos! Ahora resulta que estar pasado de peso es el mejor ethos que el nutriólogo pudiera tener.

Yo no soy Lewis Hamilton, pero sí soy consultor en imagen pública, por lo que te podría decir: "Vendo mi coche, lo he cuidado como solamente un consultor en imagen pública lo podría cuidar, ya que me dedico a la percepción y ya te imaginarás lo minucioso y responsable que he sido con él". Tú probablemente no seas piloto de F1 ni consultor en imagen pública, ¿cómo utilizarías tu ethos para vender tu coche usado?

Y ya que estoy en el ejemplo del coche, quiero que sepas que el propio coche por su marca tiene un ethos, y que no es lo mismo enseñarlo lavado y encerado que todo sucio, así como citar para verlo en unas oficinas corporativas, en un centro comercial, en un parque o en una bodega en un barrio peligroso rodeado de autos chatarra. ¡Todo eso también genera un ethos! La reputación del partido político y de los pasados gobernantes puede darle o quitarle ethos a un candidato o candidata, así como el ethos de la empresa y de los productos que ofrece un vendedor afectan en igual medida en el proceso de venta. Por eso es un tema de estrategia y nunca acabaríamos de poner ejemplos.

Y como te prometí, ya veremos cómo sembrar un contexto que ponga la balanza a nuestro favor y tomar la situación de poder; eso será un juego de empoderamiento del ethos. Pero te voy dando una probadita revelándote la estrategia que uso cuando llego a los restaurantes exclusivos sin reservación:

Lo primero que hago es vestirme de acuerdo con el lugar y la ocasión, pues es obvio que si voy de pants y sin reserva al restaurante exclusivo me darán puerta. Luego, llego con una gran sonrisa, aparentando confianza y agrado por ver a la persona de recepción, y me fijo en su nombre, que invariablemente lo traen al pecho, para saludar con un: "Laura, ¡qué gusto saludarte!, ya estamos por aquí (volteando a ver mi reloj) llegamos diez minutos antes". Para proceder a quedarme callado con mi sonrisita amable.

Este es mi *setting;* acuérdate muy bien de esta palabra, porque así se le conoce al escenario donde sucede la acción, que en este caso lo monté. Para este punto, con mi vestuario la hostess presupone que pertenezco al lugar, con mi sonrisa, que soy buena gente y estoy confiado en llegar, y con mi saludo ¡Laura presupone que ya nos conocemos, que soy cliente habitual y que ella debería conocerme también! Además, si ve el reloj y son las 8:20, presupone que tengo reservación a las 8:30. Y vuelve a leer mi saludo y verás que no he dicho una sola mentira: que su cerebro interprete el "qué gusto saludarte" como "qué gusto volverte a ver" no es mi problema, y yo solo dije que llegué diez minutos antes, nunca dije que tenía reservación.

De aquí el siguiente paso siempre es el mismo. La Laura o Lauro en cuestión, avergonzados por no reconocerme cuando supuestamente deberían, siempre me dicen: "Disculpe, me recuerda su nombre...". Otra variable puede ser que revisen su lista, cuenten a los comensales con los que voy y me digan un apellido al azar: "¿Señor González, mesa para 4?" Incluso me ha llegado a pasar que ven su lista, dizque apuntan, y prefieren darme una mesa que pasar la vergüenza de decir que no reconocieron a su antiguo cliente. Pero lo más común es que al revelar mi apellido me digan: "Disculpe, señor Gordoa, pero no encuentro su reservación", y esto ya es un indicio de que tomé la situación de poder, pues para ese punto ya no soy una persona sin reservación, soy un cliente con el que se disculpan por no encontrar la reserva. Ahí solo hago gestos de que no importa y digo comentarios como "no te preocupes, esas cosas pasan, lo bueno es que llegamos antes" y cambio la plática drásticamente: "Laura, ¿estará el gerente? No recuerdo su nombre, pero el que es un tipazo y recomienda muy buenos vinos."

"¿Omar?"

"¡Sí, Omar!, ¿estará?"

Proceden a señalarme al interior y me meto como la humedad para finalmente llegar con el susodicho Omar y el juego vuelve a empezar: "Omar, ¡qué gusto saludarte!, dime qué vino nos vamos a tomar el día de hoy". Así le saco plática y me recomienda el vino más caro (presupone que me lo voy a tomar pero no estoy obligado), hasta que le digo: "Laura apenas está viendo lo de mi mesa, al parecer tuvieron un problema, pero no te preocupes, en lo que lo arreglan nos tomaremos algo en la barra para no estar esperando afuera", y gustosos pasan a mis invitados a la barra y presencio cómo Laura y Omar hacen maravillas para sentarnos.

¿Es infalible? No. Recuerda que no es ciencia exacta, pero sí puedo decirte que me funciona en nueve de diez ocasiones. ¿Y la décima? Pues me hacen esperar un poco afuera y apenados me ponen el primero en la lista de los que no tienen reservación... ¡y obvio saco mi *drink* de cortesía por esperar! ¿Mentiroso? ¡Nunca! ¿Ventajoso...? ¡SIEMPRE!

2) Logos:

Suena a lógica y es fácil de entender, pues es la persuasión, seducción y negociación que busca influir en los oyentes mediante la razón. Son los datos duros y comprobables, por lo que la mayoría de las veces no dependen del orador, pero debe conocerlos para sacarlos a relucir en su argumentación. Son hechos palpables, comprobables y basados en fuentes o en lo que opinan terceros calificados. Si vendo mi coche, el logos es su kilometraje, año, decir que soy el único dueño, que todos los servicios son de agencia y que jamás ha sido chocado. Es demostrar la disponibilidad en el mercado, justificar el precio contra la competencia y decir que lo llevaste a valoración a un taller mecánico reputado y te dieron el diagnóstico de que está perfecto.

Sé que ya lo entendiste y no hace falta darte más ejemplos, pues, además, ninguna de las técnicas que estamos aprendiendo tienen que ver con el logos por una razón muy sencilla: al ser los datos, la verdad y la razón, no lo podemos cambiar. Y nadie mejor que tú sabe cuáles son tus datos. Por eso nuevamente la única recomendación es que los conozcas, los tengas disponibles y que uses los datos que van más de acuerdo con tu causa. Pues que el coche sea blanco tal vez es irrelevante y tan evidente que ni lo dices, pero que tenga llantas nuevas y no tenga multas en sistema sí es un plus. Más adelante hablaremos de cuándo conviene sostenerte en el pilar del logos.

3) Pathos

Ahhhh, el buen pathos... qué te puedo decir de él, ya que no hay palabras que describan a esa fuerza incontrolable que se mete en tu sistema y se apodera de tu vida, incendiando tu corazón y embobándote para actuar a su merced. Y quiero que con estas palabras empieces a sentir el poder del pathos y que no te resistas a él, no lo intentes, es inútil... mejor déjate llevar por sus placeres y sucumbe a la tentación de este intenso tercer pilar. ¿Te gustó mi introducción o fue demasiado PA-TÉ-TI-CA?

¡De pathos viene la palabra patético! Es aludir a las emociones y basar la persuasión, seducción y negociación en despertar los sentimientos humanos y así afectar el juicio objetivo. Un argumento basado en pathos busca lograr la empatía o antipatía hacia algo sin dar argumentos racionales, pues lo que quieres es conmover, provocar felicidad o tristeza, miedo o ira, gusto o disgusto y cualquier otra emoción y sentimiento que se te venga a la cabeza, o mejor dicho, a ese vulnerable corazón. Y como los sentimientos viven en los demás, el pathos vive en el receptor, pero debe provocarse por parte del orador. Nosotros encendemos la mecha, pero el fuego vive en el otro.

Y por favor, dignifiquemos la palabra *patético*, pues normalmente le damos únicamente la connotación negativa de chantajes, lloriquear, dar lástima o ser ridículos. Y no, lo patético es cualquier cosa que conmueve profundamente y mueve el ánimo de las personas. Tanto el discurso de *I have a dream* de Martin Luther King como el *How dare you?* de Greta Thunberg son extremadamente patéticos, y también los son los buenos discursos de graduación y de bodas que apelan a la nostalgia, la risa y los buenos deseos. Y mejor ni empezamos a hablar de las Ted Talks, pues si analizas cuáles han sido las más exitosas, te darás cuenta que, mientras más reproducciones tienen, más patéticas son. ¡Y qué bueno que existan!

El pathos consiste en escoger las palabras correctas, en el momento correcto, para despertar la emoción correcta. Y la gran mayoría de las estrategias que veremos en este libro son estrategias patéticas.

Ya te dije que cuidé mi coche como un consultor en imagen pública lo haría (ethos), te dije su kilometraje, año, precio y comprobé su buen estado (logos), ahora solo falta rematar con un: "Y no sabes el coraje que me da regalarlo así, sé que lo estoy malbaratando y me duele, pero ni hablar, invertí en un negocio y necesito capitalizarme rápido porque si no, ni de loco lo vendía, ¡es un bombón! Y por eso hoy tengo la agenda llena enseñándolo, qué bueno que llegaste temprano, pues... una disculpa..."

En ese momento tomo una llamada: "¿Bueno?... Sí, lo estoy mostrando en el Colegio de Imagen Pública... ¿Cómo que ya estás en el banco, no lo quieres ver?... Sí, esa es la cantidad, pero espérame pues lo estoy mostrando... Correcto, ya sé que ya me lo quieres pagar, pero por respeto, déjame termino con esta cita... Te propongo algo, quédate en el banco y si la persona con la que estoy no lo quiere, te marco y ya me depositas... jajajajaja, no, me da igual que me pagues más, es por respeto, te marco en un momento".

Ahí regreso con la persona a la que le estoy mostrando el coche: "Una disculpa, como te decía es un bombón, entonces ¿qué dices?"

¡Pum! Una bomba de emociones, desde el sentimiento de oportunidad porque es un regalo, la delicia del bombón, la lástima y empatía porque lo tiene que malbaratar, ¡hasta el miedo de perderlo porque hay alguien más dispuesto a pagar inclusive más! Y tal vez el de la llamada es un palero con quien acordaste esa estrategia. Todo se vale en el mundo del pathos y ya acordamos que de ética y moral no discutiríamos más.

Imagínate yo, que trabajo tanto en campañas políticas, la cantidad de recursos que he utilizado durante discursos, debates y aperturas y cierres de campaña. Y no es de sorprender que lo que la gente más recuerda dentro de los debates que he preparado es cuando el candidato se enojó, cuando la candidata contó la anécdota emotiva, cuando se mostró la foto que incriminaba al contrincante o cuando se dijo el chiste que ridiculizaba al oponente. Por lo tanto, diríjanse al corazón, no al cerebro.

Veamos ahora juntos los tres pilares de la PSN y entendamos cómo se mezclan:

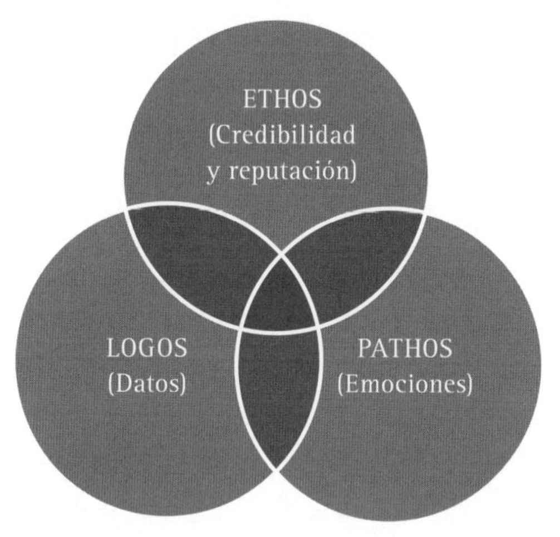

Como ves, ninguna es más importante que la otra, tienen el mismo peso y hay momentos en los que se mezclan y otros en los que conviven por separado. Son una entidad que pueden ser parte del mismo conjunto, hacer simbiosis entre dos o ser poderosas en lo individual.

Y aunque podríamos pensar que el centro donde se conjugan los tres pilares es el punto más fuerte al momento de persuadir, seducir y negociar, la realidad es que no forzosamente es así. El centro simplemente es el punto más balanceado y equilibrado. Y si bien al recargarnos en los tres pilares tendremos mayor solidez para fundamentar nuestra argumentación, la realidad es que tenemos que llevar nuestros deseos a los terrenos que más nos convienen y así lograr el mayor efecto de PSN.

Y cada caso es diferente, pues no podemos darle el mismo tratamiento a cualquier situación, aunque el objetivo sea el mismo. La situación puede ser "pedir un aumento de sueldo", pero no será lo mismo en el contexto de un colaborador que en el de otro. Tal vez alguien es un empleado modelo, querido e indispensable para el negocio, por lo que su solicitud de aumento estará basada únicamente en su ethos; podría darse el caso de una persona que lleva más de tres años sin aumento, todos sus compañeros ya recibieron uno y además acaba de lograr una buena venta para el negocio, tiene suficiente logos para basarse únicamente en ese pilar; y si una persona acaba de divorciarse, le están quitando todo en pensión alimenticia y además parte de su sueldo se va en mantener a la fundación sin fines de lucro que puso para cumplirle sueños a niños con enfermedades terminales... ¡pues vaya historia de pathos que tiene! Y si por alguna razón existiera una persona con esos tres contextos, pues vaya si la balanza se inclinaría a su favor. Pero la realidad es que siempre estaremos más fuertes en algunas áreas que en otras.

El objetivo es saber en qué terreno estamos parados. Ya habíamos hablado de esto cuando te dije que tenías que empezar a saber leer contextos y ser un sabueso de la pragmática. Pusimos el ejemplo de salirte con la tuya al elegir qué película ver con tu pareja o el de darle un masaje a alguien de la oficina. Piensa, si tú estuvieras en esa situación, ¿en qué terreno estarías y hacia dónde tendrías que llevar la negociación? Te prometí que retomaría esos ejemplos cuando viéramos cómo sembrar contextos y tomar la situación de poder y así será. De momento solo piensa en el ejemplo del cine: ¿Cuál es tu ethos cinematográfico y el de tu pareja? ¿Cómo han resultado las últimas pelis que han elegido cada uno? ¿Existen logos? ¿Quién es el director, quienes actúan, qué dice la crítica, estuvo en los Oscar, tu pareja eligió la última vez y ahora te toca? Igualmente piensa en el pathos: ¿Tu pareja tuvo un día estresado y se quiere relajar, está de humor ligero o que echa humo, le emocionan más las de acción o las comedias románticas, hay algún otro plan además de la peli como cenar u otras cositas tipo *Netflix & chill*? Pues créeme que si recibes a tu pareja con un cine romántico en casa, con pétalos en el piso y una botella de champán, no tendrá el valor de cuestionarte la película que elijas, aunque sea *Rápidos y Furiosos 23: la Familia vs los Transformers*.

Entonces cada caso es diferente, pero si tuviéramos que generalizar algunas situaciones comunes en donde un pilar tendría más peso que el otro, podríamos suponer que una campaña política se basa en ethos y pathos, pues en realidad nadie razona ni se pone a estudiar los proyectos de gobierno. En una discusión con tu pareja: pathos y logos, y por supuesto echar en cara los problemas del ethos del otro. Al vender un producto desconocido: logos y pathos del producto y mucho ethos del vendedor. Si el producto es muy conocido: ethos del producto. Si el producto tiene características muy técnicas y satisface necesidades muy específicas: logos. Pedir permisos a papás o maestros: ethos del hijo o alumno y mucho pathos. Ligar: ethos y pathos. Pero como te digo, son meras suposiciones, pues últimamente veo personas que al elegir pareja pareciera que llevan una lista del mercado con las características que su media naranja debería tener: que gane tanto, que no coma carne, que me cele pero no sea una persona posesiva, que se duerma temprano... y pues para esos seres desalmados: ¡puro logos!

Siempre digo que cuando pescamos ponemos de carnada la comida que le gusta al pez, no a nosotros, por lo que cierro este capítulo con algo que podría sonarte a contradicción, pero no es así. Si el pez nos pide logos, dárselo también genera emociones. Por ejemplo, tú vendes unos tanques de un gas muy particulares para la industria hospitalaria y además están regulados por el gobierno. Tu pez lo único que quiere es que el producto cumpla con las especificaciones, verificar las normativas gubernamentales y que le des un buen precio. Frío logos. Pero al hacer eso, tu pez se siente seguro de que está tomando una buena decisión por lo tanto... ¿también sería pathos?

Pues a mi parecer sí. Como también nuestra reputación (ethos) genera confianza y seguridad, palabras que viven en el plano de las emociones y por ende en el pathos. Por lo tanto, hijos de Córax (y dale con el mentado Córax), con el miedo a que los hijos de Platón y sobre todo los de Aristóteles nos acribillen, concluyamos que... ¡Todo es pathos!

Y si todo es pathos, seamos patéticos.

SEAMOS PATÉTICOS

Cuando te conté mi estrategia para entrar a restaurantes sin reservación, te dije que te acordaras de la palabra *setting*, que es el escenario donde sucede la acción. Y no nos referimos únicamente a escenarios físicos o de tiempo y momento, sino la referencia es más hacia el estado psicoemocional en la que se encuentra mi interlocutor y hacia el que lo tengo que llevar para salirme con la mía. A ese estado en inglés se le conoce como *mood*, y si bien la traducción literal al español sería *ánimo*, el *mood* hace más referencia a todos los elementos emocionales del contexto que influyen en las personas y las inclinan a hacer o no algo.

Por lo tanto, hacer *setting* será crear el ambiente propicio para que las personas estén en el *mood* adecuado al momento de quererlas convencer. Es un tema de configuración del contexto donde todos los elementos cuentan. El *mood* ideal pone a nuestra audiencia vulnerable y en disposición de aceptar lo que se le propone. Y como el calor de una emoción dura muy poco tiempo, para hacer que dure más, el estímulo debe ser repetido hasta lograr la forma latente de una emoción. De hecho, se trata de crear un *mood* constante para así facilitarnos el *setting* la próxima vez.

No se trata de entrar al restaurante sin reservación y ahí acabó todo. Ok, te saliste con la tuya, pero ahora... ¿qué sigue? Pues sigue el continuar generando un nuevo *setting*, sembrar contextos emocionales que algún día cosecharás. Te cuento una anécdota real ya que andamos con mis peripecias restauranteras.

Llevé a mi mamá a cenar (con reservación) a un lugar muy cotizado que tiene una vista espectacular. Al llegar, el gerente del lugar recibió a mi mamá con mucho agrado y la escoltó hasta la mejor mesa del lugar, diciéndole que qué bueno que estaba ahí y que era un privilegio tenerla esa noche. A mí me preguntó si había traído mi vino (en el lugar no hay descorche) y si quería que me lo pusieran a enfriar. Cuando se retiró, mi mamá extrañada solo me volteó a ver y me dijo: "Alvarito, ¿y como por qué le da tanto gusto a este señor que yo esté aquí? ¿Ahora qué *kiusmi kiusmi* hiciste si apenas decidimos hoy que queríamos cenar aquí?" Y le conté que le había mandado un mensajito al gerente diciéndole que mi mamá había estado muy enferma (era cierto, aunque solo de tos pero obvio no se lo dije) y que era la primera vez que salía a cenar después de mucho tiempo y queríamos celebrar la vida. Que si era posible que me diera la mesa central de la terraza y que si podía llevar el vino favorito de mamá pues sé que no lo tenían en carta. ¡Y gustoso aceptó y me dijo sí a todo!

Lo que no le conté a mi mamá es por qué tengo su teléfono personal para hacer reservaciones o por qué sabía que aceptaría el que llevara mi propio vino cuando no está en sus políticas.

Pues porque era ya la cuarta vez que iba al lugar. La primera vez que fui, llegué sin reservación como cualquier desconocido y apliqué la de "qué gusto saludarte... ¿Está el gerente que recomienda muy buenos vinos?" ¡Era el Omar de nuestro ejemplo! Al final de esa primera noche, donde tuve algunas interacciones con él, una relacionada a una recomendación de su carta, le dije a Omar que a qué teléfono podía contactarlo para mandarle la información y tener su contacto. Me dio su teléfono y aproveché para mandarle una foto de un vino que le dije que tenía que probar y meterlo en su carta. La segunda vez que fui, le escribí directamente a ese teléfono para reservar. Al llegar me saludó y me dijo que todavía no había probado el vino que le había recomendado, le prometí que la próxima vez le llevaría uno y aproveché para platicar que si tenían descorche y yo llevar mis vinos. Me dijo que no, pero que podrían hacer una excepción. La tercera vez que fui, llevé dos botellas del vino que le recomendé y lo catamos junto a su sommelier. Le regalé una botella y obvio yo me acabé el resto de la que abrimos y ni descorche me cobraron. Para la cuarta vez mi mamá recibió el trato de reina y lo de llevar mi vino se daba por hecho.

¡Y así es con todo! Ok, ya te dieron permiso tus papás de irte a Acapulco o conseguiste el aumento de sueldo, ahora, ¿cómo aprovechas esa situación para generar tu próximo *setting*?

La vida se trata de persuadir, seducir y negociar constantemente. Y te digo esto porque empezaremos a ver muchísimas técnicas de PSN, y así como lo vimos con ethos, logos y pathos, las técnicas no son excluyentes, sino perfectamente complementarias y no tienen fin. Por lo que mientras más se usen y mezclen, más probabilidades existirán de conseguir lo que deseamos.

Y como ya llegamos a la conclusión de que todo es pathos, a partir de este momento el libro se convierte en una serie de técnicas de este pilar. De hecho, ya se trataba de eso, pues las estrategias sofistas para que nos dijeran que sí y que apelaban a la culpa o a la adulación a través del halago ya eran en extremo patéticas.

Y no me importa sonar repetitivo con la importancia de la práctica, por lo que subrayo que a partir de este punto los apartados de práctica cobran más relevancia, pues la única forma de que sientas sus beneficios es atreviéndote, explorando y ejecutando lo aquí visto en el taller de la vida. Créeme que cuando yo tuve la oportunidad de acercarme a este conocimiento mi vida cambió. Afortunadamente el conocimiento llegó a mí siendo muy joven y el progreso en mis objetivos se aceleró a pasos agigantados. Comprobé cómo se me facilitaba conseguir lo que deseaba; desde un ligue en un bar hasta el cierre de una venta, ¡me ayudó a salirme con la mía!, y querido lector, ¡tú también te saldrás con la tuya!... "Qué *pathetikos*" nos diría Platón... ¿Te importa?

¡SALTE CON LA TUYA!
Mood, setting y los tres pilares

Recuerda el motivo que seleccionaste al comenzar este libro y que planteaste como un objetivo muy puntual para salirte con la tuya. Ahora debes analizar con profundidad en qué terreno te encuentras y sobre qué pilares vas a fundamentar tu estrategia.

Para ello, primero responde la pregunta: ¿Cuál es el *mood* ideal en el que tendría que estar la contraparte? Imagínate el clima emocional que se tendría que sentir para que esa o esas personas estuvieran más dispuestas a hacer lo que quieres. Probablemente aún no exista ese clima, pero no te preocupes, aquí puedes escribir tu carta a Santa Claus sobre el *mood* ideal... ¿de qué tiene hambre tu pez?

Mood:

____

____

____

____

____

____

____

____

Vamos ahora a la carnada. ¿Cuál es el *setting* ideal que propiciaría que se diera ese *mood*? Piensa en un escenario ideal, y sí, empieza visualizando el lugar físico, en qué fecha, en qué hora se daría la interacción... pero sobre todo, piensa qué elementos tendrían que estar en el contexto para que se dieran las presuposiciones que funcionen a tu favor. Y aquí nuevamente, tal vez no cuentes aún con esos elementos, pero estamos de idealistas. Tienes que hacerte una idea de cómo sería el *setting* ideal para ese *mood*.

Setting ideal:

____

____

____

____

____

____

____

Ahora seamos realistas. ¿Satisfaces ese *mood*? ¿Qué tanto el *setting* ideal se parece a tu *setting* actual? Y sobre todo, ¿qué tendrías que hacer para lograr ese *setting* que propiciaría el *mood* y te llevaría a actuar? Y para esto, vamos pilar por pilar para ver el terreno en el que están nuestros pies.

Ethos:

¿Cómo es mi ethos frente a esta persona? ¿Cómo me percibe, qué conoce de mí, qué presupone y cuál es mi reputación? Y lo más importante, si no cuentas con ese ethos o tu ethos no te ayuda: ¿Qué tendrías que hacer para empoderarlo?

___

___

___

___

___

___

___

Logos:

¿Cómo puedo utilizar el logos? ¿Qué datos o razones existen que puedo utilizar en esta situación? ¿Qué hay allá afuera que pueda investigar y que sirva como una razón de peso para convencer racionalmente?

___

___

___

___

___

___

___

Pathos:

¿Qué estrategia patética puedo utilizar? ¿A qué emociones puedo aludir para darme ventaja?

___

____

____

____

____

____

____

No te preocupes si no se te ocurre nada, de hecho, en los ejercicios pasados de cómo hacerle para que te digan que sí a todo ya utilizaste estrategias de pathos, y al terminar el libro, tendrás toda una guía patética del camino a seguir para salirte con la tuya con estrategias de este pilar.

Nadie más que tú sabe si estás en una posición y terreno favorable o desfavorable. Tal vez ya tienes el *setting* y el *mood* perfecto y son excelentes noticias, pues puedes pasar directamente al plano de la ejecución, o tal vez te diste cuenta que antes de dar el paso decisivo, primero tienes que darte a conocer o dar algunos resultados para empoderar tu ethos y demostrar algunos logos. Cada caso es diferente y en algunos las cosas están dadas para disfrutar la cosecha, y en otros hay que sembrar y cultivar antes de pensar en cosechar. Lo importante es que tarde o temprano tendrás la situación de poder para salirte con la tuya.

Debes hacer este ejercicio cada vez que tengas el deseo de conseguir algo. Tenlo muy presente a partir del día de hoy: ethos, logos, pathos, los tres pilares donde todo lo demás descansará.

CAPÍTULO 4

¡TOMA LA POSICIÓN DE PODER!

La palabra *poder* es muy poderosa. Y gracias por permitirme la aliteración o redundancia (ya hablaremos de figuras retóricas), es porque quiero dejar muy en claro qué es lo que nos provoca esta palabra al escucharla. Dime, ¿qué te imaginas cuando escuchas la palabra *poder*? ¿Qué sientes y qué te provoca emocionalmente escuchar esta palabra? Difícil explicarlo en palabras, pero fácil de entenderlo y traducirlo en emociones, pues lo que sentimos es eso... ¡Poder! Sentimos dominio, autoridad, mando y hasta un halo de soberbia nos cubre cuando nos adueñamos de esta palabra. Por eso te digo que la palabra poder es muy poderosa.

Estamos entrando a un capítulo fundamental, pues en toda interacción persuasiva, en toda seducción y, por supuesto, en toda negociación queremos obtener la posición de poder. Quien tiene el poder tiene las de ganar. Y ya veremos cómo hacerle, pero antes, necesito desmitificar la palabra poder. Necesito quitarle ese halo de soberbia y esos sentimientos de dominio, autoridad y mando que hace unos momentos sentimos, pues ese no es el poder que buscamos. Buscamos un poder mucho más amable y sutil, un poder que nadie sabe que tenemos. Es un poder que no impone ni atemoriza, todo lo contrario, abre los canales de comunicación para favorecer la negociación y transmite empatía y amabilidad.

Y si ya vamos a desmitificar la palabra poder, debemos también despojar de su dureza otra palabra fundamental para este libro: *negociar*.

Al pensar en negociar pensamos en rivalidades. Pensamos en personas vestidas de traje siendo duras entre sí, poniendo a su contraparte entre la espada y la pared y sacando los colmillos para amedrentar y no ceder ni un ápice. Por supuesto siempre nos los imaginamos en salas de juntas de caoba, en grandes edificios corporativos, rodeados de abogados y terminando con un apretón de manos bajo la expresión: *Deal!*

Pero tú también negocias. El problema es que si te pregunto cuándo negocias o que te visualices negociando, en lo único que piensas es en regatear en un mercado o pedir un descuento ante cualquier producto o servicio.

Por lo tanto, para la aplastante mayoría negociar es ser duros y pelear, o ser avaros y pedir descuentos. Pero la vida es una negociación constante; todo el tiempo estamos negociando y casi siempre lo hacemos de manera inconsciente. Cuando quieres algo en específico que solamente te puede dar otra persona, o cuando estás tratando de llegar a acuerdos con alguien, inmediatamente nos ponemos en nuestro modo "negociador", es decir, en una actitud específica que pensamos que es la adecuada para cada situación. Negocias en todas las áreas de tu vida: con tus padres, hijos, pareja, amigos, compañeros y con la sociedad en general. Negocias en casa, en el trabajo, en el ligue, cuando vacacionas y cuando pides favores. Negocias al elegir el plan del domingo, al encargar a tus hijos cuando te sale plan de fin de semana, al decirle a tu pareja que irás a una despedida o al pedirles a tus papás 5 minutitos más. Y en esta vida no obtienes lo que te mereces, obtienes lo que negocias. ¡Y todo es negociable!

La frase de que en esta vida no obtienes lo que te mereces sino lo que negocias es un cliché de libro de negociación y por supuesto la tenía que usar. Se le atribuye a muchas personas, pero el común acuerdo es adjudicársela a Chester Karras, autor setentero de libros de negociación, pero los sofistas y Aristóteles ya habían dicho cosas muy similares hace más de dos mil años. Pero si es un cliché es porque es cierto. En esta vida no se logra nada bueno sin negociar, al igual que casi todo lo que pierdes es producto de una mala negociación. Y es que, a excepción de la muerte, todo lo demás es negociable.

Pero decíamos que muchos cometen el error de pensar que al negociar tenemos que ser severos, fríos y racionales. En este momento, quiero que te desprendas ya de una vez por todas de dos falsos conceptos sobre el arte de negociar:

Primero: que para negociar tenemos que ser duros.

¡Esto no es verdad! Muchas personas creen que la actitud que deben tomar a la hora de negociar es la de la firmeza, como si se estuvieran preparando para una batalla. La realidad es lo contrario: las negociaciones más exitosas se dan en los ámbitos de confianza mediante el entendimiento entre amigos.

Claro que cuando decimos "amigos" no estamos hablando en un sentido literal. El chiste es relacionarse de una manera que tu contraparte sienta que están del mismo lado y que van a colaborar en lugar de enfrentarse. Un secuestrador y quien negocia un rescate no son amigos, y probablemente tú y tus jefes no son compadres, pero puedes construir un contexto que sea favorable para ti. El secreto está en la empatía, que es la capacidad de identificarse con alguien y comprender sus sentimientos. Identificar y comprender no significa estar de acuerdo o compartir, eso es simpatía y no empatía. Empatía es entender al otro, y todos deseamos sentirnos entendidos. Normalmente, nuestro primer instinto a la hora de negociar es amenazar: "¡Si no te metes a bañar en este momento te castigo el iPad!", para después ver cómo abusamos de nuestro ethos y situación de poder: "Porque soy tu madre y no tengo que darte explicaciones". Pero en realidad y como ya lo vimos, esto es una extorsión, pues no difiere mucho de un secuestrador diciendo: "Si no me das veinte millones mato a tu hijo" o a un asaltante pidiendo tu reloj "porque tengo una pistola".

La realidad es que la mejor estrategia es convencer sutilmente para que la otra persona llegue a la conclusión que queremos por su "propia" cuenta. Que sienta que su decisión es la correcta y está ganando. ¡Sí! Ahora repitamos el cliché del ganar-ganar. Pero es un ganar emocional, en el que aun perdiendo la contraparte te da las gracias y se queda con un sentimiento de satisfacción.

Ahora bien, si la otra persona verdaderamente es tu amigo o amiga sin comillas, o por lo menos se llevan bien, se te facilitará muchísimo cualquier negociación. Esa es la importancia del *likeability*, que es la habilidad de caerle bien a los demás y practicar el carisma. Y debe ser una práctica constante, pues si la hija es seca con su padre, siempre está amargada y lo trata mal, y de repente un día llega con el "Ay papito querido y hermoso, quien es el mejor papá del universo a quien le voy a hacer masajito y su desayuno favorito...", la alerta de lambiscones se activa y es contraproducente.

El *likeability* son los *likes* de la vida real. Si nos ponemos a dar consejos sobre este tema no acabamos, pues mejor te transcribo el libro de Dale Carnegie de *Cómo ganar amigos e influir sobre las personas*, biblia del *likeability*. Prometo algún día escribir un libro sobre el tema desde el enfoque de la imagen pública, pero de momento te dejo con la mejor frase de ese libro: "Usted puede hacer más amigos en dos meses mostrando interés en los demás, que los que conseguirás en toda tu vida intentando que se interesen por ti". Por lo tanto, programa tu mente de que el otro no es tu enemigo (¡aunque lo sea!) y que forman parte de un mismo equipo; amigos, no rivales. Y este es el poder del que hablábamos. Que el hijo no vea a su madre como la rival que lo obliga a meterse a bañar, sino como a una aliada por la que feliz se mete a bañar.

Entonces, si planeas asaltar un banco, en lugar de amenazar a punta de pistola al cajero o cajera, mejor enamóralos fuera de su horario de trabajo y ellos acabarán asaltando el banco por ti. ¡Dios mío, qué mal ejemplo! Seguramente Dale Carnegie estaría muy orgulloso de mí, y si viviera me citaría en un libro:

"Usted puede asaltar más bancos enamorando cajeros que amagando cajeros a punta de pistola".

ALVARO GORDOA

El segundo falso concepto del arte de negociar es: pensar que negociar es racional.

Muchos tienen la idea equivocada de que negociar es como una ciencia exacta de estrategias infalibles que pueden emplearse para obtener el mismo resultado cada vez que se aplican. La realidad es que las negociaciones son altamente emocionales, y cada vez que entablamos una negociación y empleamos cierta estrategia, es como echar una moneda al aire.

Ojo, esto no quiere decir que todo es cuestión de azar. Tú puedes practicar cómo lanzar la moneda, en qué momento atraparla y hasta qué moneda usar en cada momento para ampliar ventajosamente tus probabilidades de ganar. Pero de que es una moneda al aire, lo es, pues así como está tu voluntad está la voluntad del otro. Negociar es INTENTAR poner la balanza a tu favor. Y puse en mayúsculas intentar porque, nuevamente, es como ir a pescar. Ya dije que de carnada utilizamos la comida que le gusta al pez, pero de todas formas eso no te garantiza que regresarás a casa con la cubeta llena. Ahora bien, mientras más anzuelos lances, más líneas tires y más redes despliegues, aumentarás tus probabilidades de darte un festín ese día de pesca. Por eso la importancia de intentar la gran mayoría de estrategias y combinarlas, pues si no pescó una red, sin duda se enredará en la otra.

Negociar es entonces altamente emocional. Sí, la teoría entra por la razón, pero la ejecución es mucho de "melatismos", de sentir contextos y *moods* en las personas, y de intentar constantemente acomodar las cartas a nuestro favor. Ahora bien, si negociar es emocional, esto no debe confundirse con dejarnos llevar por las emociones. De hecho, uno de los secretos más importantes en cualquier negociación es justo no dejarnos llevar por las pasiones del momento, sino apelar a las emociones de la contraparte de una manera estratégica mediante el uso de algunas técnicas que nublarán la razón y abrirán el corazón del otro. Para que lo entiendas más fácil: piel muy gruesa y resbalosa. Si vas a negociar no tienes que tomarte las cosas personales, nada puede penetrar en tus emociones y todo se te tiene que resbalar. Recuerda: el que se enoja pierde.

Antes de empezar a ver cómo tomar la posición de verdadero y sutil poder, no olvides que el primer paso es atreverte a pedir las cosas y no hacer caso de lo que puedan pensar los demás. De nada te sirve tener todo este conocimiento si no lo vas a aplicar por miedo, timidez o porque piensas que alguien te va a juzgar por ser una persona ventajosa. Todo en esta vida es negociable, pero como en el pedir está el dar, veamos diez técnicas que nos ayudarán a tomar la posición de poder.

DECÁLOGO PARA TOMAR LA POSICIÓN DE PODER

Para ejemplificar, vamos a establecer algunos casos con los que podamos analizar cada una de las estrategias. Ya te había prometido el del masaje de oficina y el de elegir una película para ver con tu pareja. Pero vamos a meterle uno clásico de aumento de sueldo o apoyo en el trabajo, y por supuesto el tuyo, que técnica tras técnica tendrás que ir pensando cómo la aplicarías. Pero pongamos un *setting* más preciso en cada ejemplo:

Aumento de sueldo: Claudio lleva varios años trabajando en la misma empresa de logística, y aunque no es el mejor empleado de la compañía, sus resultados en general han sido buenos. Necesita un aumento o apoyo, pues quiere estudiar una maestría en Automatización, pero con su sueldo actual apenas le alcanza para cubrir sus gastos y ni se hable de ahorrar. Sabe que la empresa va bien y que sí le podrían pagar más, aunque su jefa, Roberta, ya dejó muy en claro a principio de año que por inversiones que hizo la compañía, será un año de ahorro y no hay gastos extra. Por lo que Claudio tiene que pedirle a Roberta un aumento de sueldo, o mejor aún, que le ayuden a financiar su maestría, pues con un ligero aumento de todas formas no le alcanzaría.

Masaje de oficina: Ulises (o "El Ulises de sistemas") anda viendo con ojos querendones a Norma Góngora ("Normita o La Normis de contabilidad"). Ambos son solteros y trabajan en la misma pequeña empresa de mensajería. Comparten áreas de trabajo y sus cubículos son cercanos. La relación siempre ha sido cordial y gustan de molestarse, pues a ambos les agrada el futbol americano y mientras ella le va a Pittsburgh, él es de Philadelphia (sus Aguilitas, como le dice). El Ulises no quiere nada serio, solamente darle un masaje y nada más. ¿Hasta qué nivel el masaje? Solo el tiempo lo dirá, pues si por él fuera se dejaba ir como gordo en tobogán.

Película en pareja: te encanta el cine palomero de acción, pero tu pareja lo alucina. De hecho, a tu pareja ni le gusta ir al cine, y cuando van, se inclina por dramas o cine de arte. Es la semana de estreno de nuestra querida *Rápidos y Furiosos 23: la Familia Vs los Transformers* y quieres que te invite al cine.

Jugaremos con cuanto ejemplo se nos ocurra, desde la niña que quiere irse a Acapulco, el vendedor de cualquier producto o salir de problemáticas como un vuelo sobrevendido o nuestra gustada mesa sin reserva. ¡Manos a la obra y veamos este decálogo para tomar la posición de poder!

1) Siembra un contexto

La negociación empieza desde que surge el deseo de obtener algo. Por favor subraya esta frase y te la vuelvo a recalcar: **La negociación empieza desde que surge el deseo de obtener algo.** Por lo que antes de solicitar, utiliza la pragmática para tejer y dejar una serie de indicios que crearán un clima emocional y argumental para que el otro tome decisiones a tu favor. Es ir dejando migajas que el hambriento recoge hasta llegar al festín o el ratón come hasta caer en la trampa.

Existirán negociaciones espontáneas donde hacer esto es imposible, pero aun así debes intentar al menos entender y jugar con el contexto que puedas presuponer. Por ejemplo, cuando las aerolíneas cancelan vuelos a última hora, la reacción de la mayoría de las personas es acercarse al mostrador a pelearse y discutir, y muchos clientes recurren a maltrato y gritos. En este caso, puedes presuponer que esos colaboradores tienen un sentimiento frustrado de enojo y se sienten incomprendidos, pues no es su culpa la cancelación. Con esta información, puedes pensar en cómo utilizar el contexto a tu favor y destacar por ser uno de los pocos clientes que no los culpan, los tratan con respeto y con una sonrisa. Esto aumentará muchísimo tus posibilidades de que te den el último asiento en el siguiente vuelo o que te acomoden lo mejor posible. O en el caso de llegar sin reserva al restaurante, el simple hecho de saludar con el nombre, la frase de "qué gusto volverte a ver" y decir que llegamos diez minutos antes, está sembrando un contexto.

Ahora bien, la gran mayoría de tus negociaciones serán planeadas y con audiencias estudiadas; recuerda que la negociación empieza desde que surge el deseo de obtener algo. Cuando a El Ulises se le cruzó el deseo un domingo por la noche de masajear a Normita, a partir de ese momento tiene que ir dejando señales, y mientras más indicios siembre y más conozca a su audiencia, más probabilidades tendrá de obtener lo que desea.

El lunes por la mañana: "¡Hola, Normita! ¿Qué tal tu fin de semana?"

"Todo bien, Ulises, ¿y tú?", responde Norma.

"Bah, pues qué te digo, ayer me ardí muchísimo pues sentí que tiré mi dinero a la basura, pero para qué te cuento...", dice Ulises de manera desinteresada mientras acomoda sus cosas en el cubículo.

"Seguro perdieron tus Aguilitas y les apostaste, pues tú por burro".

"Nombre, ¡ya quisieras!, lo que pasa es que quería relajarme y me pasaron el contacto de una masajista que va a tu casa, pero no lo disfruté nadita, y no es que no fuera buena, pero cada vez que me doy un masaje me gustaría que me los dieran como yo los doy, pues no es por nada, soy buenísimo, pero ya tiré la toalla y nunca más me voy a volver a dar masajes".

Y ahí termina la siembra por ese día. Obvio la plática puede evolucionar a que Normita le diga: "¿A poco sí eres bueno dando masajes?", o a que ella cuente su propia experiencia con los masajes o a cualquier otra trivialidad. Pero el tema "masaje" y de que es bueno dándolos ya quedó sembrado.

Ahora hay que regar esa plantita. Y para ello, una semana o quince días después, puede decirle: "Uy, Normis, tus Steelers van contra los Gigantes y los van a humillar gacho". Normita defenderá a su equipo, a lo que Ulises le puede replicar: "Pues a ver si tan confiada, apuéstale algo, le entro aunque no sea mi equipo". Ante la propuesta de qué apostar, Ulises puede proponer sin mucho agrado: "Te diría que apostáramos un masaje, pero yo pierdo pase lo que pase porque, aunque gane, nunca lo darías como yo, por lo que mejor apostemos un Starbucks". Y ya sembró un poco más. Tarde o temprano vendrá la petición o mínimo la curiosidad de Normita, y si no, ya veremos cómo hacerle con las otras estrategias, pero de que habrá masaje, habrá.

Con el ejemplo de Claudio, ya existe un contexto que se basa en la relación que tiene con Roberta, su jefa, y su reputación dentro de la empresa, pero no hay indicios de la Maestría, por lo que tendría que hacer comentarios en la plática pequeña antes de junta del tipo: "Me leí un artículo de cómo la inteligencia artificial está cambiando el mundo de la automatización y está impresionante, se los voy a mandar. De hecho, pedí informes para la maestría en Automatización y me dijeron que justo acaban de cambiar el plan de estudios y que tienen un convenio con MIT por como vienen las cosas".

Otro día, cuando Roberta le haga la clásica pregunta casual al saludar de "¿cómo va todo?", en lugar de responder con el cásico "Bien, aquí chambeando", contestar con un: "Pues en el trabajo, todo bien, muchos retos e ideas a implementar, estoy contento, pero en lo personal, complejo... de hecho a ver si un día me das unos minutos para contarte mis inquietudes". Y de ahí seguro ese mismo día u otro bajo cita, Claudio le puede contar a su jefa que no está ahorrando nada, que le necesita bajar a los gastos o hasta matar sus ilusiones de querer estudiar una maestría, además de que la ve como una mentora, que la admira y que le gustaría seguir creciendo y que necesita consejos. No solicita nada, pero va dejando un contexto y empoderando su ethos en ese tema. Creo que ya lo entiendes bien, pero ahora checa este convo de mensajitos con tu pareja:

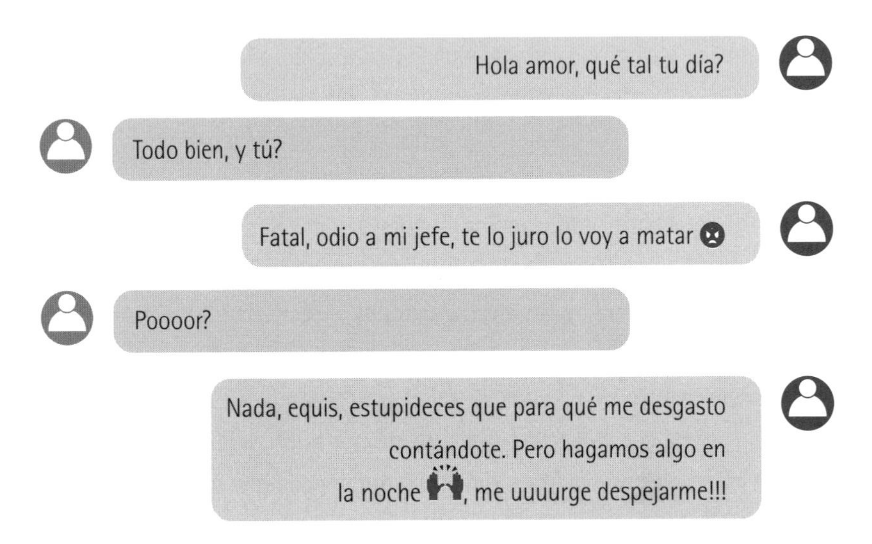

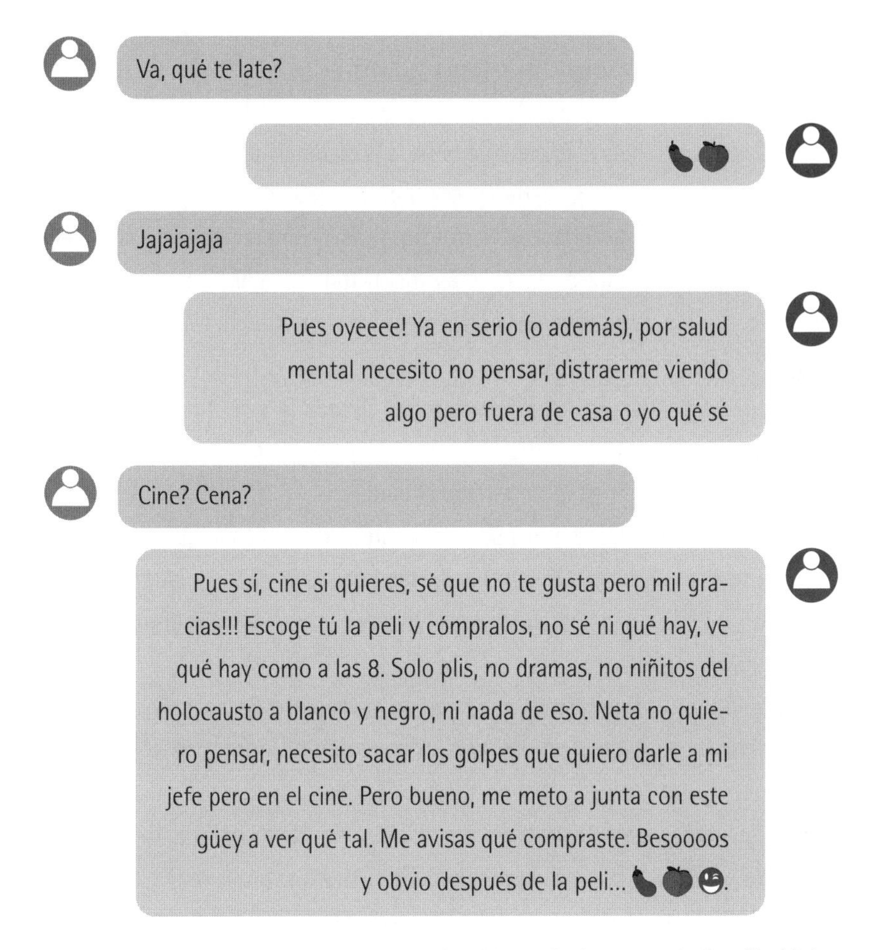

Obvio, tú ya sabes que a las 8:00 está *Rápidos y Furiosos 23: la Familia Vs los Transformers*, y si tu pareja no la escoge por ti, no tiene alma.

Al sembrar un contexto tomas la posición de poder, porque el acto de pedir se convierte en algo natural, en una consecuencia de lo que se está viviendo, en el siguiente paso lógico a dar en la relación. De hecho, si siembras mucho, la mayoría de las veces no tendrías ni siquiera que pedir pues las cosas se dan por sí solas, o hasta la contraparte es quien toma la decisión a nuestro favor.

2) Traslada el deseo a la otra persona

En toda negociación hay alguien que tiene la posición de poder. Y normalmente el poder está en quien no tiene el deseo. Si no deseas comprar y alguien te quiere vender, tú tienes el poder. Pero si tú deseas comprar y el otro no quiere vender, el poder no está en ti. Y así pasa con todo. Claudio desea estudiar la maestría, su jefa tiene el poder. Ulises desea dar el masaje, Normita tiene el poder. La hija desea ir a Acapulco, sus papás tienen el poder. Y hasta en las cosas que parecerían triviales pasa esto: tú deseas ir a ver una película que a tu pareja no le gusta, tu pareja tiene el poder, o tú deseas una mesa y no tienes reservación, el restaurante tiene el poder.

Y como es TU deseo, pues ese es TU problema. ¿Mamá, quieres que me bañe? ¡Ese es tu problema! Pues yo no deseo hacerlo. Y es que cuando no es tu problema, no harás nada para resolverlo. ¿No tienes reservación? ¡Es tu bronca!, yo solo soy la hostess.

Por lo tanto, lo que tienes que hacer es trasladar el deseo, porque al trasladar el deseo, trasladas el problema... ¡Y ahora es tu bronca y a ver cómo la resuelves!

Si recuerdas, en mi estrategia del restaurante es lo que hice: tomé la posición de poder al delegarles la problemática. Ahora el problema es que tú no tienes mi reserva, no que yo no tenga reserva, por lo que deseas satisfacerme y harás lo posible por sentarme. Igual con el vino: yo no deseo descorche, yo te traje este vino que deseas probar y ahora a ver cómo le haces para abrirlo.

Imagina que si después de la plática inicial con Normita, donde El Ulises le dijo que no disfrutaba los masajes pues nadie los daba como él, ella dijera algo como: "¿A poco si eres bueno dando masajes?" Esa es la oportunidad perfecta para trasladar el deseo y decir algo como: "Nunca lo sabrás, mi Normis, solo unos pocos privilegiados pueden sentir las bondades y placer que brindan estas manos. Podrías pagarme por un masaje, pero te saldría muy caro, por lo que más te vale ir ahorrando". Y escudado en ese chiste tomó la posición de poder.

Y desde esa nueva posición de poder puede empezar a sembrar, pues cuando llegue la quincena le dice: "No te gastes la quincena eh, recuerda que tienes que ahorrar", mientras hace gesto de dar un masaje. O en la apuesta del americano, le dice: "Yo te daría un masaje, pero tú me tendrías que dar un millón de pesos para estar parejos". Y en ese juego de hacerse del rogar, tal vez apuesta un masaje de manos contra un café y da a entender que él sale perdiendo.

Claudio puede meterle la idea a Roberta de que la Automatización le traería múltiples beneficios a la compañía, que él ha estado estudiando mucho y que incluso quiere hacer una maestría, pero no puede, y de tanto meterle el deseo de la automatización a su jefa, tal vez sea ella quien proponga que lo apoyen con sus estudios. Y como ven, en este caso hasta el deseo cambio: Roberta no desea que Claudio estudie, desea la automatización del negocio y sabe que puede resolverlo a través de Claudio.

En el caso de tu pareja, no le trasladas el deseo de ver la película, le trasladas el deseo de tener a una pareja relajada, desestresada y feliz. Le trasladas el deseo de consentirte de una manera muy fácil, y por supuesto, le trasladas el deseo de lo que pasará después de ir al cine...

"Papá, quiero poner a prueba que soy una persona responsable y que confían en mí, pues ya estoy en edad para cuidarme sola y no hacer tonterías", es trasladar el deseo de tener una hija responsable y una relación de confianza entre padres e hija, y no el deseo de ir a Acapulco. Por eso tienes que tener muy presentes los motivos de la otra persona para de ahí encontrar sus deseos.

Finalmente, habrá negociaciones donde sí tienes la situación de poder desde el inicio, por lo que esta técnica no la utilizarás, pero te voy a dar un gran consejo: aunque tengas la posición de poder, no le hagas sentir al otro que la tienes. Es más, crea la ilusión de que la otra persona tiene el poder y control absoluto. Esto es una gran base para lograr *likeability* y que la gente nos vea con agrado. No seas quien truena dedos, quien dice "porque lo digo yo" o el clásico maestro que saca el bolígrafo rojo amenazante de que tiene el poder de poner taches. Todos esos caen muy mal. Cuando alguien te hace sentir que tienes el poder, te agrada.

Finalmente, recuerda el ejemplo que pusimos de pathos de vender el coche. Al decir: "Y me da coraje venderlo, sé que lo estoy regalando", nos desprendimos del deseo de vender y despertamos el deseo en el otro de comprar. A su vez, cuando hicimos la estrategia del telefonazo con una persona que ya estaba en el banco dispuesta a pagar, matamos por completo nuestro deseo ante el otro pues ya estaba satisfecho, e incendiamos su deseo al máximo pues podía perder lo que quería. Pero finalmente, le hicimos sentir todo el tiempo que él tenía el poder, le dijimos que qué bueno que había llegado temprano o que sin duda tenía en sus manos una gran oportunidad. Toma la posición de poder, pero nunca reveles ni hagas sentir que la tienes.

3) Negocia emociones, no objetos

Esta estrategia es muy de pathos y de gran utilidad cuando la otra persona tiene algo que queremos. El truco está en ligar aquello que está en juego con una identidad emocional y no solamente un objeto o una acción como un permiso o un favor. Digamos que llegas al aeropuerto a un vuelo y te informan que el vuelo está sobrevendido, hay tres personas y solamente un asiento. Las otras dos personas seguramente solicitarán, negociarán y hasta pelearán por un asiento, en cambio tú negociarás, solicitarás y pelearás por llegar al cumpleaños de tu hijo o a la reunión de trabajo de la que depende tu futuro. "Por favor, tengo la fiesta de mi hija esta noche y si no llegó va a estar devastada" es un argumento más convincente que: "Pues yo pagué por un asiento y ahora no sé cómo le hacen, pero me suben".

Entonces Claudio no está solicitando una maestría, está creyendo en el futuro de la compañía y en la certeza de que si él se prepara en esa área al negocio le irá mejor. Ulises ya no da masajes, sino una experiencia muy exclusiva que solo unas pocas personas pueden vivir (y Normita no es una de ellas). Y la película deja de existir pues lo que está en juego es la salud mental y el apoyo de tu pareja. Y quiero que empieces a darte cuenta cómo las estrategias se entremezclan, pues la de hace un rato de "Papá, quiero poner a prueba que soy una persona responsable y que confían en mí...", también es negociar emociones y no un viaje a Acapulco.

Cada vez que voy a un restaurante y se les acaba algo de la carta y me dicen algo como: "Caballero, por el momento le informo que no tenemos los ostiones, se nos acabaron". ¡Uuuuy, se me viene el mundo encima! Todo decepcionado y triste les digo: "¿En serio? Ay, Edgardo, no me diga eso... Caray, solo venía por los ostiones. Desde ayer me estaba imaginando este momento donde por fin me iba a comer mis ostioncitos con un Campari y ya se me arruinó el momento". Las disculpas son mayúsculas y la vergüenza del mesero mayor. Por lo que remato diciendo: "Ni hablar, de todas formas sé que me ayudarás a pasármela bien, espero que Campari sí tengas, porque quiero quitarme este trago amargo con uno más amargo de ese aperitivo con tónica, pero ayúdame a recuperar el momento que soñé. ¿Sabes qué ayudaría mucho? Que no me cobren el Campari o un postrecito al final. Muchas gracias, Edgardo". ¡Cuando yo ni siquiera como ostiones! Pero ya no andas negociando un *drink* o un postre, estás negociando el momento.

¡Ay, Alvaro, qué abusivo eres!, estarás pensando. Pues espero que no, porque si piensas así sigues sin romper la barrera de atreverte a pedir y te sigue dando miedo que piensen que eres una persona ventajosa. No está peleada una cosa con la otra. Edgardo se queda feliz por haberme hecho feliz y siempre al final me agradecen que haya ido y hasta se siguen disculpando. Hasta la fecha nunca me han echado ojos al retirarme con cara de: qué bueno que ya se fue este abusivo, ojalá nunca regrese.

4) No des opciones

"Roberta, ¡ya sé cómo le vamos a hacer para llevar la compañía a otro nivel!", entra Claudio entusiasmado a su oficina con un folleto en la mano. "Chécate este plan de estudios de la Maestría en Automatización, es sin duda lo que necesitamos en esta época en la que la empresa está invirtiendo y no gastando. Invirtamos en ella, yo la estudio y me quedo trabajando el tiempo que sea necesario aquí para implementar toda la automatización".

Este acercamiento es muy efectivo pues no se está pidiendo nada. Se está afirmando y no dando opciones, por lo que la gente se siente con poco derecho a opinar y poner objeciones.

"Mira, para que veas, te voy a dar un masaje en las manos y no hay forma de que me digas que es malo"; o "amor, necesito ver a Toretto madrearse a Optimus Prime pues si no yo me voy a madrear a mi jefe, llévame al cine hoy si no voy a explotar", serían las opciones en nuestros otros ejemplos. "Papá, ya lo decidí, es momento de crecer, de demostrarte que soy responsable y de establecer de una vez por todas una relación de confianza y comunicación contigo para siempre, me voy a ir a Acapulco".

Y claro que nos pueden batear o poner un freno, pero la gente se siente menos capaz de hacerlo o le intimida el decir que no. A Omar no le pregunté: "¿Me puedes dar tu teléfono personal para molestarte cuando necesite una reserva?" ¡No!, le dije: "Omar, dame tu teléfono para mandarte la foto del vino y para marcarte directamente la próxima vez que venga". En la pregunta hay opción y puede contestarme que por política las reservaciones son en recepción o por sistema. En la afirmación no le quedó de otra.

Usa esta técnica para colarte a los mensajes directos y sacar teléfonos e Instagram al ligar. "¿Me das tu teléfono?", ¡next!, es aburrido, uno más y puedo negarme. Por el contrario: "Préstame tu teléfono para marcarme y guardar tu cel", deja poco espacio para negarse.

En esta técnica se muestra tanta seguridad que damos a entender que el sí ya lo tenemos, y por lo tanto nuestra contraparte no nos quiere decepcionar. Por eso hará todo lo posible por encontrarle solución a las cosas y resolverlas a nuestro favor, aunque lo que afirmamos no fuera de su agrado. No dar opciones nos pone en la posición de poder.

5) Da opciones

Esta es una técnica muy útil para poner lo que deseamos en perspectiva y hacer sentir a la otra persona que ganó. Consiste en dar un abanico de posibilidades a elegir dentro de las que está nuestra verdadera intención.

Aquí ponemos a pelear nuestro deseo contra otros realmente menos atractivos para la contraparte, pero haciéndoles sentir que en realidad esos son nuestros deseos principales y nuestra verdadera intención una vil limosna o premio de consolación.

Por ejemplo: "Amor, ayúdame a elegir. Es la despedida de soltero de Juan e hizo una encuesta por WhatsApp de qué nos late. Está la opción de irnos una semana a Cuba que no sé si es *too much*, un fin de semana a Las Vegas que estaría increíble, una tradicional aquí en México de ir a un *strip club* que no me gusta, pero es lo clásico, o la equis de ir de sábado a domingo a Valle de Bravo y armar un torneíto de golf y fiesta leve en casa de Luis".

¡Obvio el golf y fiestecilla en Valle! Sí, lo único que su pareja no sabe es que los otros planes ni existían, y que desde un principio su intención y deseo era ir a jugar tranquilo golf a Valle a la casa de Luis por la despedida de Juan. Esto crea la ilusión en el otro de estar ganando y le da un falso sentido de control, ya que parece que quien está tomando la decisión es tu contraparte.

Para el ejemplo de Claudio: "Roberta, ya lo decidí, voy a estudiar la maestría en Automatización pero necesito un aumento de sueldo, por lo que ya saqué mis cuentas y solicito que, si se puede, me den un 15% de aumento. Si no fuera posible, pueden darme más trabajo o alguna promoción, o bien pagarme la maestría y les firmo un contrato de que me quedo equis tiempo trabajando para la empresa. O bueno, no es lo ideal, pero si no, mínimo ayudarme a financiarla y yo se las voy pagando poco a poco..." Lo que verdaderamente quería Claudio era un financiamiento. En el otro ejemplo: "Amor, este fin de semana necesito sacar todo el estrés, llévame a echarme de paracaídas, vamos a escalar una montaña o a uno de esos lugares que rompes y destruyes cosas, o ya de perdis, ir a ver una película ruidosa de acción".

Esta técnica es buena porque en una de esas y ganas la opción mayor o una de las intermedias que tú ni te esperabas porque era un descaro y ¡qué bueno! El chiste es tomar el poder haciendo sentir al otro que tomó la decisión.

6) Consigue un SÍ de entrada y toma el control

Cuando las personas ya dijeron que sí a algo, es más fácil escalar esa respuesta hacia lo que quieres conseguir. Esta estrategia se utiliza seguido en ventas o publicidad, donde la pregunta tiene que ver con algún problema común, por ejemplo: "¿Quieres mejorar la salud de tus hijos?" o: "¿Quieres lucir más bella?" Son preguntas generales a las que casi todo el mundo respondería que sí, y luego te venden un producto que conseguirá eso que ya dijiste que quieres.

En el caso de Claudio, puede hacer una pregunta que esté alineada con los objetivos de la empresa o de Roberta, del tipo: "¿No te gustaría que tuviéramos procesos automatizados que le ahorraran costos y errores a la compañía?" Una vez que obtenga una respuesta afirmativa, puede guiar la discusión para hacerle ver que si lo apoyan con la maestría se lograrían esos resultados.

"Normita, ¿quieres sentir la cosa más deliciosa del planeta?", la respuesta será un sí o mínimo un "a ver". De ahí El Ulises pasa a mostrarle el artefacto masajeador de cabeza que compró y le hace piojito, mientras desvía la plática a: "Uy, y si supieras lo que hago con las manos, pero te quedarás con las ganas pues te saldría muy caro..." Y para finalizar, la más cláaaaasica de todas: "Amor, ¿me quieres?" y posterior a la afirmación: "Entonces llévame al cine que hace mucho no vamos".

7) Consigue un NO de entrada y haz sentir al otro que tiene el control

Esta es la estrategia opuesta y muy efectiva en negociaciones cerradas donde sabes que tu contraparte estará a la defensiva. Cuando sabes que la otra persona está reacia, lo mejor es llegar lo antes posible al "no" para de ahí partir al "cómo sí". Esto también tiene que ver con el control: cuando la gente dice que no, siente que ya ganó y que dejó en claro su postura y sus principios, y esto las hace sentirse en control y eventualmente bajar la guardia.

Esto funciona en cualquier negociación, pero me he dado cuenta que es especialmente efectiva en las negociaciones cotidianas con las personas que conoces bien y que su naturaleza es hosca o les encanta negarse. Por ejemplo, cuando quieres que tu pareja haga algo en casa que es tú responsabilidad: "Te quería decir que si podrías sacar a pasear al perro hoy, pero no tienes tiempo, ¿verdad?" O a tu hermano que ya maneja: "Oye, quería ver si me puedes llevar al mall a comprar unas cosas, pero andas jugando FIFA y no, ¿verdad?" Una vez que obtienes el "no", la persona baja la guardia y puedes trabajar con el lenguaje para conseguir el sí. El chiste es dialogar qué tendría que pasar para que ese "no" se convierta en "sí".

"Roberta, sé que a inicio de año dijiste que estamos en gasto cero por lo que no es momento adecuado para pedir aumentos de sueldo o apoyos ¿verdad?" Después de la negativa: "Es que deseo estudiar una maestría que le traería muchos beneficios a la compañía y creo es el momento adecuado, ¿cómo crees que podamos hacerle?"

"Oye, amor, ¿ni de broma se te antoja ver la nueva de Rápidos y Furiosos y los Transformers verdad?" "Obvio no". "Es que yo me muero de ganas, dime qué puedo hacer para que me lleves a verla".

Y este último ejemplo que no se lo recomendaría al Ulises pues seguro me lo acusan por evidente acoso sexual, pero que en contextos sociales de ligues más aventados funciona bien: "Me muero de ganas de darte un beso, pero estoy loco, ¿verdad?". Finalmente, después de la obvia negativa, decir: "¿Qué tendría que pasar para que tú y yo nos diéramos un beso?" Y al menos que te digan "Que se acabe el mundo" o cualquier otro imposible o improbable, siempre te abrirán una ventana de negociación para lograr el sí. Que antes me invites a salir, que nos conozcamos mejor, que fuéramos novios o que no se entere nadie, son algunas respuestas que escuché en mi vida pues la apliqué muchísimas veces. Y en ese momento se abría la ventana para invitar a salir, para proponerle noviazgo o para jurarle silencio. *One step closer to the goal!*

8) Estrategia de degradación

Esta estrategia es la mejor cuando sabes que lo que estás pidiendo es muy extremo o se rechazaría de entrada. Para tomar la posición de poder, hay que ir poco a poquito, sin desesperarnos, con constancia y paciencia; consiste en actuar lenta y progresivamente de menos a más, es decir, primero plantear algo sencillo y de ahí escalar paulatinamente hasta llegar a lo que verdaderamente quieres.

Por eso en el ejemplo del masaje lo que planteé de inicio fue un masaje de manos o uno de cabeza con un aparatito, ya una vez que eso entra en los terrenos de lo "normal" y hasta se hizo costumbre, pasamos al masaje de hombros, luego de espalda y luego a los que ya no podrían darse en la oficina.

Al decir lo "normal" me refiero a la norma o a lo que se acostumbra. Si tus papás te dan permiso de llegada a las 11:00 de la noche cuando sales de fiesta, aunque quieras regresar a la una no te aceleres. Primero negocia regresar a las 11:15 y verás que será muy fácil que lo acepten. Cuando esa hora sea lo normal y la costumbre, elévalo a las 11:30. Verás que para dentro de un año estarás llegando a la una y ni cuenta se darán.

Tristemente, el ejemplo más conocido —y desafortunado— es la Alemania Nazi. Hitler comenzó con medidas más reducidas y menos extremas, como hablando de libros impuros y arte impuro y haciendo quemas de los mismos, para después introducir la idea de una raza impura que lo llevó a las medidas horribles que conocemos. Es una estrategia muy común en regímenes fascistas y comunistas que no respetan los derechos humanos: empiezan con medidas aparentemente aceptables en supuesto beneficio social, que van creciendo hasta la atrocidad sin que los pueblos se den cuenta o sea demasiado tarde para reaccionar. Las personas se van acostumbrando a los cambios y ya no reconocen la magnitud de lo que se está haciendo.

9) La estrategia de diferido

Esta estrategia se trata de tomar el poder, presentando una situación que se aplicará en el futuro, y mientras más lejano el futuro, mucho mejor. La intención es hacer más fácil que tu contraparte acepte lo que estás proponiendo, pues es más fácil aceptar un sacrificio futuro que un sacrificio inmediato. Al momento de su aplicación se obtiene el consentimiento, pues hubo más tiempo para acostumbrarse a la idea del cambio y de aceptarlo con resignación o hacerse a la idea de que eso iba a pasar.

Un ejemplo muy famoso fue el cambio de las monedas de los países europeos al euro. El Tratado de Maastricht, donde se anunció que existiría el euro, se firmó en 1992, pero, por ejemplo, en España la peseta desapareció hasta el 2002. Yo vivía en Madrid por ese entonces y recuerdo que había un reloj contador afuera del Banco de España que contaba los días para que el euro entrara en vigor. De hecho, tengo una foto ahí y el contador dice que faltaban 1,363 días. ¡Más de tres años y medio! Para cuando llegó la hora oficial del cambio, ya era una realidad aceptada que pocos cuestionaban y no dolía perder la soberanía de la moneda.

Regresemos a nuestros ejemplos. En marzo: "Papá, en septiembre para el puente del Día de la Independencia quiero poner a prueba mi responsabilidad y nuestra confianza, por lo que quiero irme a Acapulco". Al pedir el permiso con seis meses de anticipación, es mucho más probable que se lo den que si lo pide dos días antes del viaje. A mí, en pleno Mundial de futbol, un colaborador me pidió permiso para faltar a trabajar y asistir al siguiente Mundial ¡cuatro años después!, porque siempre ha sido su sueño. ¡Ni manera de negarme! Jugó perfecto sus cartas, sabía cómo estaba el *mood* en pleno partido que había ganado México y que vimos en la oficina para solicitarme un permiso extremadamente diferido. Obvio se lo di y por mi cabeza pasó que quién sabe qué suceda dentro de cuatro años, que ya me preocuparé cuando llegue el momento. Ya pasó casi un año y sigue trabajando conmigo... Tic, toc, tic, toc.

Claudio puede pedir el apoyo para estudiar su maestría con un año de anticipación, y tú desde el momento que te enteras que están filmando la joya cinematográfica que aquí inventamos, puedes decirle a tu pareja que cuando salga quieres que te lleve a verla. Y como ya te dijo que sí, obvio se lo vas recordando cada que puedes.

10) Pide ayuda

Finalmente, cuando sientas que la balanza no se está poniendo a tu favor o te está costando trabajo tomar la posición de poder, pide ayuda. ¿A quién? ¡A tu contraparte!

Esta es una estrategia poderosísima pues cuando pedimos ayuda a nuestra contraparte logramos varias cosas que ayudarán a que la negociación se resuelva a nuestro favor: hacemos que la otra persona se sienta en control; despertamos su sentido de empatía y de compasión; creamos complicidad y hacemos equipo.

En el momento que aceptas tu incompetencia o frustración en una negociación, pero solicitas auxilio, los otros dejan de ser tus verdugos y se convierten en tus cómplices y consejeros, y así ellos sacan las conclusiones y resoluciones. Ya no tienes un problema, lo TIENEN.

Por ejemplo, digamos que unos padres quieren que sus hijos guarden el celular durante las comidas familiares, pero no lo han logrado. En vez de recurrir a una amenaza o un castigo que dañará su relación, pueden decirles: "Hemos intentado muchas veces estar en la mesa sin celulares y no lo hemos logrado. Los entiendo y sé que su teléfono es muy importante, por eso queremos pedirles ayuda de cómo le podemos hacer o qué reglas podríamos poner para lograrlo". Cuando los hijos son quienes sugieren las medidas que pueden adoptar, tendrán más probabilidades de cumplirlas, ya que se sentirán en control y no frente a una imposición de sus padres.

Claudio puede pedirle ayuda a Roberta para que le aconseje cuál sería el mejor acercamiento para que la compañía le financie la maestría. Y la hija que por más que intentó tomar la posición de poder sus papás siguen sin dejarla ir a Acapulco, podría decirles: "Ya no sé qué más hacer. De corazón y con todo mi amor y respeto les pido ayuda. Díganme qué tengo que hacer o qué tendría que pasar para que me dejen ir a Acapulco". Forzosamente ahí los papás deben sentir compasión y empatía, hacer equipo, sacar sus dotes de consejeros y llegar a una solución. Tal vez en ese momento le den el permiso por mera compasión, o tal vez le den la objeción de que tiene que tener mínimo un año más o que debe sacar buenas calificaciones. Y si te das cuenta, aunque no le den permiso, ya le están dando una ruta para conseguir el sí. Conocer las objeciones es fundamental para romper con ellas.

Esto de hacer equipo y pedir ayuda es fundamental en cualquier negociación. A la gente le encanta ayudar y ser útil, y también le encanta saber que comparten los mismos intereses y juegan bajo la misma casaca.

La próxima vez que te hospedes en un hotel o tomes un vuelo, haz este ejercicio: a la persona que te atienda en recepción o mostrador, pídele una mejor habitación o un asiento más amplio. Pero diles algo como: "Tú que sabes perfecto cómo funcionan las cosas, necesito de tu magia y que me ayudes con algo que te voy a agradecer infinitamente. Necesito tener más espacio por lo que, si tú estuvieras en mi lugar, cómo le harías para que te dieran una habitación más amplia (o asiento más amplio)". Verás que en ese momento el personal se convierte en tu cómplice y si es posible te ayudará. Es lo que hago en las ocasiones que consigo las suites o *upgrades* que te platicaba al inicio del libro. Recuerda una vez más que las mejores negociaciones se dan desde la empatía y la "amistad".

Y ya que hablábamos de objeciones hace un momento: ¿Qué pasa si no tienes buenas calificaciones, si justo acabas de pedir faltar al trabajo y ya te salió otro plan, si la gente piensa que tu producto es caro, o cualquier otra objeción que de plano sabes que entras a negociar en desventaja? Pues de ello tratará nuestro siguiente capítulo.

¡SALTE CON LA TUYA!
Toma la posición de poder

¿Cómo le vas a hacer para tomar la posición de poder?

Recuerda que para este punto ya tienes el *setting* y el mood *ideal*. Ya sabes en qué terreno de ethos, logos y pathos te encuentras. Y obvio ya tienes más que establecida tu intención que te hizo leer este libro. Por lo que ahora debes hacer una estrategia para adueñarte del poder. Te recuerdo una por una las estrategias del decálogo y ve pensando en tus ejemplos: 1) Siembra un contexto. 2) Traslada el deseo a la otra persona. 3) Negocia emociones no objetos. 4) No des opciones. 5) Da opciones. 6) Consigue un Sí de entrada. 7) Consigue un No de entrada. 8) Degradación. 9) Diferido. 10) Pide ayuda.

Ahora mézclalas, haz tu propia ruta estratégica y visualiza cuál es el camino más exitoso. Tal vez necesitas solo una, cinco o el arsenal pesado de las diez. No lo sé, pero tú sí. Por lo que apunta a continuación.

¿Cómo tomaré la posición de poder?

____

____

____

CAPÍTULO 5

¡VACÚNATE CONTRA EL NO!

Si bien en la vida no obtienes lo que te mereces sino lo que negocias, la realidad es que, siendo sinceros, existen momentos en los sabemos que no nos merecemos tanto las cosas. Son esos momentos donde entramos a negociar algo sabiendo que tenemos alguna piedrita (o montaña) en el zapato que nos pone en una situación incómoda. ¿Con qué cara le vas a pedir permiso a tus papás de ir a Acapulco si acabas de reprobar alguna materia? O imagínate el descaro de pedir faltar un viernes al trabajo cuando vienes regresando de vacaciones. Sabes por dónde vendrá la objeción, pues cambiando los roles tú serías la primera persona en negar los permisos a quien no se los merece. El vendedor sabe si su producto puede ser percibido como caro, y candidatos y candidatas de la política saben que tienen largas colas que les pueden pisar. Por lo tanto ¿Cómo le hago si la balanza no está a mi favor?

Las objeciones y el riesgo de obtener un *no* son naturales en cualquier negociación. Claudio sabe que la compañía no está gastando en nada y tú sabes que la película que quieres ver es bastante mala. Y así es la vida. Inclusive muchas veces tenemos que negociar que no nos castiguen tan fuerte. O sea, sabemos que la regamos, pero lo que deseamos es minimizar los daños. La hija de unos amigos recientemente aprendió a manejar y por el descuido de estar con el celular tuvo un accidente, afortunadamente leve, pero que provocó una abolladura en el coche. Como sabía que estaba escribiendo este libro me buscó para pedirme consejo de cómo decírselo a mi amigo. ¡Le salió de maravilla la jugada! (Y creo mi amigo ahora me odia un poco.)

Por eso aprenderemos a vacunarnos contra el no. A inocularnos contra ataques posibles y a minimizar los daños que los prejuicios negativos nos provocan. Capítulos más adelante, cuando nos metamos al fascinante mundo de la lógica abasurada, seguiremos viendo muchísimas formas para manejar objeciones y defender nuestros puntos. De momento recuerda que estamos tratando de tomar la posición de poder, por lo que veremos las técnicas madre para vacunarnos desde un inicio contra el no y seguir poniendo un poco (o un mucho) la balanza a nuestro favor. Pues aunque no lo merezcamos, ¡lo conseguiremos!

Como ejemplo, pongamos a un supuesto candidato para una gubernatura que, cuando fue secretario de finanzas de su estado hace diez años, cayó en un escándalo de corrupción que incluso le hizo pisar la cárcel. Cumplida su condena, ahora quiere ser gobernador. ¡Vaya!, si podemos equilibrar la balanza y tomar la posición de poder con este caso, imagínate lo que podríamos hacer con unas simples malas calificaciones, un producto caro o la abolladura de un coche. Pues flojitos y cooperando, que ahí les va esta inyección de poder.

1) Atácate de inicio

En negociaciones donde sabes que hay muchas objeciones en tu contra, son evidentes y tu contraparte las conoce, lo mejor que puedes hacer es revelarlas de inicio, pues así ya no podrán utilizar esos argumentos en tu contra porque han quedado expuestos.

Es como arrancarte una curita o bandita después de haberte raspado. Sí tú te la arrancas rápido, siempre será menos doloroso que si alguien más lo va haciendo lenta y paulatinamente, sobre todo si además va metiendo el dedo en la llaga. Así es la gente, querrán echarte en cara constantemente las objeciones que son evidentes y echarle limón a la herida. Por eso el atacarnos de inició, aunque suene paradójico, es la defensa ideal.

"Papá, sé que mis calificaciones no han sido las mejores y que incluso reprobé matemáticas, pero tengo una gran oportunidad para crecer, fortalecer nuestra confianza y demostrarte que en otros aspectos de la vida puedo ser responsable...", sería la mejor forma de iniciar la petición para ir a Acapulco si no nos lo merecemos por calificaciones.

Nuestro candidato, en su discurso inaugural de campaña tendría que decir: "Sí, estuve en la cárcel. Sí, me equivoqué. Y sí, pagué mi merecida condena por fallarle al pueblo. Lo digo con todas sus palabras porque...". Y a partir de ese momento, ya sería inútil si sus rivales o el pueblo se lo echaran en cara.

"Amor, sé que es malísima y una jalada sin pies ni cabeza, pero me muero de ganas de ver la nueva de Rápidos y Furiosos contra los Transformers". Vaya, hasta imaginemos que el sinvergüenza del Ulises fuera casado y le dijera a Normita: "Sé que soy casado y lo que voy a decirte está fuera de lugar, pero quiero hacerte un masaje". ¡Sería la mejor forma para que Normis no le dijera que su propuesta está fuera de lugar y que además es casado!

Por lo tanto, cúrate pegándote.

2) Convierte la objeción en razón

También conocida como la técnica del boomerang, consiste en utilizar la fuerza de la objeción para regresarla como la principal razón de apoyo. Juega con la paradoja pues el ser irresponsable te hace ser responsable o el haber sido corrupto ahora te hace honesto. Con esta técnica gastando ahorras y mintiendo dices la verdad.

Nuestro candidato podría decir: "Mi estancia en la cárcel por corrupción me hizo reflexionar y entender por qué el sistema político está podrido. Me hizo abrir los ojos sobre por qué los servidores públicos viven metidos en un lodazal de corruptelas. Y como estuve entre la podredumbre y metido hasta las narices en el lodazal, hoy puedo asegurar que sé cómo acabar con la corrupción. ¡Nunca más deshonestidad! ¡Adiós a la corrupción en el estado!" ¡Así hasta ganas te dan de votar por el más cochino! ¿Ya ves como el ser corrupto te hace honesto?

"Roberta, sé que estamos en modo ahorro y que la empresa no quiere gastar, por eso vengo a proponerte que estudie la maestría en automatización, de esa forma podemos ahorrarle millones a la compañía". ¿Ya ves cómo gastando ahorras?

Y así, la hija irresponsable se puede convertir en responsable yendo a Acapulco, o la película es buenísima de ser tan mala. Como también gastar mucho te ahorra dinero porque lo barato sale caro.

Ahora bien, con el boomerang no forzosamente deben usarse paradojas. Puede simplemente la objeción convertirse en razón al llevarla a un terreno positivo. Por ejemplo, la casa en venta deja de ser pequeña y se convierte en acogedora y fácil de limpiar, el producto es valioso porque es más robusto, completo y contiene todo lo que tú necesitas, y el nutriólogo por estar pasado de peso tiene la autoridad para decirte que lo más importante es la voluntad.

Si te diste cuenta, en esta técnica el uso de eufemismos es muy importante, pero sobre ellos ya hablaremos en su momento.

3) Usa la objeción como moneda de cambio

En este caso no solamente transformas la objeción en razón, sino que usas la objeción como artículo de trueque a cambio de un "sí". Se basa en promesas y especula con un futuro mejor.

Consiste en que la hija le diga a su papá que si la deja ir a Acapulco será el mejor incentivo para echarle ganas en el colegio y no reprobará matemáticas nunca más. Como también nuestro candidato al cierre de un discurso podría decir: "Y si ustedes me favorecen con la confianza de su voto, será el mejor aliciente para seguir por el camino de la honestidad, y así, reivindicarme y traerle muchas cosas buenas al estado. Debo regresarles a todos ustedes con creces lo que pagué con mis errores, y regresarle al estado la abundancia si es que algún día les fallé. Solo necesito su voto este dos de julio para así, juntos, recuperar nuestro querido estado".

4) Cambia el enfoque

Si bien las dos técnicas pasadas ya han sido de cambiar el enfoque, el boomerang y la moneda de cambio consisten en cambiarle el enfoque a la objeción. En esta técnica, estamos hablando de cambiar por completo el enfoque de la situación.

Hace quince días participé en un campamento de integración cuyo objetivo era fomentar el trabajo en equipo, la unión y vivir de acuerdo a los valores de la institución que lo organizaba. Dentro de sus valores nos hablaron mucho de la cooperación, la colaboración y el civismo para procurar el bien de la comunidad. De hecho, el nombre del campamento era ComUNIÓN. Nos dividieron en cuatro equipos vigilados por consejeros para no hacer trampas e hicieron un rally nocturno en medio del bosque, en donde teníamos que conseguir en cierto lapso de tiempo una serie de artículos diversos, que iban desde unos calzones rojos hasta excremento de algún animal. Ganaba quien al final tuviera todos los artículos de la lista. Un artículo era un chocolate, y llegamos al punto donde solo un equipo lo había conseguido pues la única opción de encontrar chocolate en ese lugar era haberlo traído desde casa y al parecer solo había un goloso en el camp. Ese equipo tenía el triunfo garantizado y estaban festejando porque solo faltaban cinco minutos. Por supuesto, el resto de los equipos empezamos a pedirles que nos dieran un cachito de su chocolate, pues nunca especificaba que tenía que estar entero, simplemente en la lista decía "chocolate". Obvio no lo soltaban y las negociaciones estaban en "te doy tanto por tu chocolate", pero los consejeros dijeron que no se podía dar dinero y, al ya tener su lista completa, no había nada que les interesara.

¿Por qué les cuento esto? El enfoque es muy claro: lo que se estaba negociando era un chocolate. Y la objeción también era muy clara: si te lo doy, ganarías también, y yo no gano nada a cambio por mi acción. Por eso esta técnica fue la que se me vino a la cabeza, pues es la que sirve en negociaciones cerradas, donde el enfoque tiene la balanza totalmente desequilibrada a favor de tu contraparte.

¿Cómo cambié el enfoque? Dejando de negociar por un chocolate y matando la objeción de que ellos no ganaban nada. Me acerqué al equipo y les pregunté cuáles eran los valores más importantes de ComUNIÓN. Después de decirme con ayuda de su consejero los ya mencionados, les dije que como equipo tenían la oportunidad de hacer una acción en donde se viviera el espíritu del campamento, una acción que no les costaba nada, y que ganaban mucho dando una lección de por qué estábamos ahí reunidos ese fin de semana: dividir su chocolate en cuatro y darnos a cada uno una pieza como símbolo de ComUNIÓN. Obvio la consejera estuvo de acuerdo, el resto de los equipos aplaudió, y no le quedó de otra al equipo goloso más que dividir su tableta. Eso es cambiar el enfoque por completo.

El enfoque para Claudio ya no es "quiero estudiar una maestría y no hay dinero en la empresa". Los nuevos enfoques podrían ser: "Estoy pensando en renunciar pues me apasiona la Automatización y a eso quiero dedicarle mi vida", o "Roberta, vengo a decirte que eres una gran mentora y visionaria, y que me sorprende que no estemos apostando en innovación y conocimiento en automatización". Al final, esos enfoques se acaban transformando en el chocolatito que queremos.

Antes de pasar a la siguiente estrategia, quiero que veas cómo en el ejemplo del campamento también usé las técnicas de negociar con emociones y no objetos, y la de no dar opciones, así como también puse entre la espada y la pared el ethos del campamento, pues si no aceptaban, afectaba su reputación. Es una muestra más de cómo las estrategias se van mezclando y las líneas que las dividen empiezan a ser muy sutiles o invisibles. ¡Recuerda usar todo el arsenal!

5) Envenena el pozo

Para este punto del libro, ya puedo atreverme a decirte que solamente una persona mediocre o con muy baja autoestima podría decir que estas recomendaciones no le sirven en su vida. ¿A ti te están sirviendo? A ver, ¡atrévete a decirme que no!

¡De esa agua ya no puedes beber! Por eso a la técnica se le llama envenenar el pozo. Esta es una gran técnica para vacunarnos contra las objeciones, pues quien objete caerá en el pozo envenenado.

Una gran recomendación es que uses esta estrategia después de haber utilizado el autoataque. El candidato después de decir: "Sí, estuve en la cárcel. Sí, me equivoqué. Y sí, pagué mi merecida condena por fallarle al pueblo...", podría agregar: "Y ya verán que mis contrincantes se encargarán de decirlo una y otra vez como si no se supiera. Son tan mediocres, tan corruptos y tan mezquinos, que no les quedará de otra más que echar en cara mis errores del pasado que ya acepté y ya pagué por ellos, por lo que si recurren a atacarme, sería una muestra de que no tienen propuestas y de que tienen miedo de que llegue a la gubernatura pues les voy a tirar todo su entramado de corrupción". Esto sería muy efectivo al iniciar un debate político, pues a partir de ese momento, cualquier ataque a su pasado lo convertiría en una muestra de que son corruptos, mezquinos y tienen miedo.

"Papá, sé que eres muy inteligente como para saber separar los éxitos y fracasos escolares con los éxitos y fracasos de la vida...", al decir esto, si el papá compara las malas calificaciones con irresponsabilidad para ir a un viaje, ya no es inteligente.

O si Claudio le dijera a Roberta: "Algo que me gusta mucho de esta empresa, y por eso tengo la camiseta bien puesta, es que se preocupan por sus colaboradores, invierten en ellos, y no tienen miedo de invertir en innovación". Pozo más que envenenado, pues si no le apoyan con la maestría, son miedosos, no invierten en innovación, no se preocupan por los colaboradores y Claudio se quitaría la camiseta del orgullo. Vean cuántos pozos envenenados en una sola oración.

Por lo tanto, sigue leyendo, sería estúpido no hacerlo...

6) Vacas sagradas

La Navidad pasada, a una tía que es bastante religiosa se le ocurrió reclamarme por qué celebraba y fomentaba una tradición pagana como Santa Claus. Mi respuesta fue sencilla, le dije que la entendía y respetaba, pero que lo que yo fomentaba y celebraba era la ilusión y esperanza de los niños. Después de titubear un rato y decir cosas con poco sentido, me dijo que en el niñito Jesús también se podía encontrar la ilusión y la esperanza. Le dije que tenía toda razón, que la ilusión y la esperanza pueden encontrase en el Niño Jesús, en Santa Claus y en muchas otras cosas más, y que qué bueno que estábamos de acuerdo en que era una época de esperanza e ilusión. Y me fui feliz a abrir y restregarle en cara los regalos que nos había traído Santa Claus.

Sabemos que en el hinduismo las vacas son animales sagrados considerados fuente de la vida, por lo que tocarlas está prohibido o mal visto. Por lo tanto, la técnica consiste en hacer de tu objeción una vaca sagrada, un elemento que debe respetarse y al que no se le puede tocar y mucho menos pegar. Al gordo barbón yankee y mercantil que trae regalos es muy fácil pegarle, pero la ilusión de un niño es intocable. ¡La ilusión infantil es la vaca sagrada! Y, por si fuera poco, en este particular ejemplo, para mi tía el Niño Jesús obvio también es una vaca sagrada, por lo que al haber metido a Santa Claus en el mismo conjunto, ya no hay forma de que le pegue. ¡Le apliqué una doble vaca sagrada en la misma discusión!

Quise poner este ejemplo más mundano de mi vida privada porque la verdad es que todos los ejemplos que se me vinieron a la cabeza hubieran generado controversia (y mira que comparar a Santa Claus con Baby Jesus ya es polémico). Y es que hoy vivimos en la era de las vacas sagradas. No puedes opinar con tranquilidad pues corres el riesgo de caer en cualquier categoría que termine en *ista* o fóbico: clasista, racista, sexista, homofóbico, xenofóbico y hasta gordofóbico (como muchos lo pensaron cuando llamé gordo a Santa Claus hace un momento).

Es la técnica favorita de la sociedad actual que de todo se ofende, por lo que seguramente has escuchado a alguien decir alguna barbaridad escudado en la vaca sagrada de la libertad de expresión, a alguien hacer un acto vandálico en pos de un movimiento social, o simplemente defender lo indefendible escudándose en las vacas sagradas de los derechos humanos, la salud mental o la equidad. Si en Estados Unidos estás en contra de que una persona tenga rifles de asalto y que las armas se vendan como chicles en tienda de conveniencia, estás en contra de la constitución y su segunda enmienda; y si en el resto del mundo alguien opina que vandalizar monumentos y hacer pintas en el patrimonio de alguien más no es recomendable, el delincuente eres tú o estás en contra de la libertad de expresión. La relación entre una cosa y otra es muy pequeña, pero el chiste es generalizarla y exagerarla.

Últimamente como maestro, alumnos que no hicieron nada durante el semestre y presentaron un trabajo final extremadamente mediocre me vienen a tratar de convencer de que los pase con el argumento de que tienen ansiedad, depresión, déficit de atención o cualquier otra categorización en los terrenos de la salud mental. Y no estoy diciendo que no pueda ser cierto o que no tenga empatía hacia sus casos, simplemente estoy dejando en claro la incómoda posición en la que te pone una vaca sagrada: si no te ayudo, estoy en contra de tu salud mental.

El argumento trata de sustentarse y guiar la conducta de la audiencia mediante la equivalencia de la propuesta con un valor o ideal superior socialmente hablando, como la libertad, la justicia, la democracia, la ley, la religión y cualquier otro concepto idealista.

En nuestros ejemplos, la hija que se quiere ir a Acapulco constantemente ha utilizado esta técnica al decir que lo que busca es poner a prueba su responsabilidad y solidificar la relación de confianza con sus padres, al igual que Claudio ya no estudia una maestría, sino que busca la optimización y el crecimiento. A Acapulco y a la maestría les pegas fácilmente, pero la responsabilidad, la confianza, la eficiencia y la abundancia son intocables.

Y así nuestro candidato podría decir: "Sé que muchos dudan de mi persona, incluso no les caigo bien por haber cometido un error, por eso les pido que no se centren en mí, céntrense en el bienestar de nuestro querido estado que hoy está agonizando".

A la rata se le mata, pero a la esperanza y al bienestar del estado se les cuida. Y regresando a la importancia de combinar técnicas, aquí sería oportuno para nuestro candidato que aprovechara y envenenara el pozo: "Céntrense en el bienestar, pues quien se centra en mi pasado solo estaría demostrando que es una persona que no sabe perdonar y que desde el rencor no desea el progreso del estado".

Por cierto, querida tía, solamente una persona dañada a quien le robaron la ilusión en su infancia querría robarle la ilusión a un niño.

7) Exagera para minimizar

Esta es la técnica que le recomendé a la hija de mi amigo cuando chocó el coche. Es una técnica bastante inocente en la que no te debe importar quedar como una persona *naive* o ingenua. Lo que importa es el resultado y créeme que esta técnica es muy efectiva.

Consiste en hacer parecer mayor el problema o la petición para que, de esta forma, cuando se conozca que lo que solicitamos no es tan grande o la problemática tan mayúscula, la sensación será de alivio y se cederá más fácil o las repercusiones serán menores.

La hija de mi amigo empezó sembrando un contexto, mandándole un mensaje donde le decía que tenía que hablar algo serio con él, que estaba viviendo una situación que no sabía cómo manejarla y que le apenaba cómo la iba a ver a partir de ese momento, que por lo tanto quería ver si lo podía ir a ver a su oficina para platicar. Obvio a mi amigo le dio un infarto y temió lo peor, ¡nunca su hija le había pedido hablar en la oficina! ¿Estaría embarazada, en problema de drogas? ¡¿A quién mató?! Cuando su hija llegó toda seria y le dijo que por un descuido había abollado el coche... ¡le regresó la vida! Le dijo que lo había asustado y que no se preocupara, que fuera más cuidadosa y que la quería mucho. Tanto su hija como yo sabemos que si se lo hubiera dicho en casa como un hecho menor, mi amigo se habría enojado y la hubieran castigado.

Si bien la estamos viendo para vacunarnos y minimizar objeciones, esta técnica es muy útil para pedir favores. Todos hemos dicho alguna vez: "Me puedes hacer un enorme favor", cuando lo que queremos realmente no es tan grande. Igualmente es muy efectiva para pedir dinero, pues le haces sentir al otro que necesitas mucho, y cuando le solicitas algo menor, el desprendimiento se da con mayor facilidad.

Te iba a poner el ejemplo de Claudio y su maestría, pero mejor te digo que si eres una persona que considera que está haciendo bien su trabajo y tienes convencimiento de que en el lugar que laboras no quieren que te vayas, cuando quieras pedir algo o conseguir un aumento de sueldo, da a entender que quieres hablar porque quieres renunciar o porque hay un problema mayor en la compañía. Verás que responderán como mi amigo con su hija.

8) Minimiza

Es lo contrario a la técnica de la exageración, y a aquí más que de inocente, podrás caer en la percepción de que eres una persona sin sentido común, pero igualmente es efectiva. Si tú abordas tus objeciones como si fueran un problema, la gente los interpreta como tal. Si los minimizas, se convierten en simples detallitos.

"Roberta, por cierto, se me ha pasado decirte una tontería pues sé que para la empresa es muy fácil y no debería representar problema alguno, quiero estudiar una maestría en Automatización para ahorrarle dinero a la compañía y quiero ver la forma de que me la financien". O el candidato: "Mi trayectoria y resultados son amplios y hablan por sí solos, por supuesto todos hemos cometido algún pequeño error y esas tonterías no deben empañar nuestros resultados, es por ello que les pido..."

¿Cuándo exagerar y cuándo minimizar? Muy fácil: cuando la objeción o el problema es pequeño, exagéralo; cuando es mayor, minimízalo. Por eso, cuando quieres pedir poco dinero, recurre a la exageración, pero si es mucho lo que vas a pedir, minimízalo: "Necesito que me hagas el paro con una tontería de dinero que para ti son cacahuates, pero me alivianas en este momento y te lo pago igual de rápido cuando sea... necesito (insertar fuerte suma)".

¡Que se preocupe mi amigo cuando su hija le diga que le dio un rasponcito al coche!

9) Cambia el índice referencial

Con temas sensibles o complejos, cambia el índice referencial. O lo que es lo mismo: "Te lo digo Juan para que lo escuches Pedro". Es tan sencillo como hablar de un tercero o referirnos a otra persona o situación, para después cambiar esa referencia a nuestro caso y terminar hablando de nuestros intereses.

Cambiar el índice referencial es que Claudio le diga a Roberta: "Me sentaron en una boda el fin de semana con una persona que también trabaja en logística y me estuvo contando que bajaron mucho sus costos y aumentaron su productividad invirtiendo en automatización, pero que no tenían personal capacitado para liderar el proyecto, lo que me puso a pensar en si no sería prudente que hagamos lo mismo, pero capacitándonos y estudiando una maestría en el tema". Y quiero que observes un detalle en este ejemplo: cuando Claudio regresa a hablar de su caso, la comunicación es en plural. Esto es muy recomendable pues al hablar en primera persona del plural, empieza a existir un "nosotros", y se genera la sensación de que los problemas e intereses son compartidos. No haces referencia directa a ti, sino es la referencia a alguien más, y luego a nosotros. Aquí te va el ejemplo de la niña pidiendo permiso para ir a Acapulco para que te quede más claro eso de hablar de un tercero y luego de un nosotros:

"Papá, Regina me contó que discute mucho con sus papás pues no confían en ella y le dicen que no es responsable, que no sabe cuidarse, y me preguntó si me pasa lo mismo a mí con ustedes. ¿Tú crees que discutamos por eso, o nuestra relación si es más de confianza en esos temas?", y esa plática da pie o siembra el contexto perfecto para vacunar las objeciones sobre viajar sola.

Sé que ya lo entendiste, por lo que voy a aprovechar para darte un tip que quería darte más adelante cuando veamos el tema de asertividad y cómo retroalimentar, pero como también se juega con el índice referencial te lo voy adelantando. Este tip sirve mucho cuando estás tratando un tema delicado o que puede herir la sensibilidad de tu contraparte, por lo que la mejor estrategia es no hacer referencia directa, sino hablar de una tercera persona o incluso de ti.

Pongamos un ejemplo muy mundano: quieres decirle a alguien que tiene mal aliento y que se coma un chicle. Decírselo directamente podría percibirse como mala educación o incluso humillante, por lo que puedes hablar de ti o en plural: "Siento que comimos algo que huele demasiado fuerte y creo nos huele la boca, yo me comeré un chicle, ¿quieres?". Así no aludes directamente a la otra persona, pero entenderá el mensaje. Si tu pareja es impuntual, decirle: "Se nos está haciendo tarde, no vayamos a ser como los Ramírez que siempre son los últimos en llegar", es mucho más conciliador que decirle: "¡Anda, apúrate que por tu culpa se nos está haciendo tarde!"

10) Sé suave con las personas y duro con los problemas

Finalmente, en el mundo de las objeciones siempre vivirá el roce y las problemáticas. Por eso debes de tener siempre presente el separar a las personas de los problemas, y enfócate en los intereses comunes o los de tu contraparte, no en las posiciones o las posturas. Una vez más, no veas al otro como adversario, velo como un amigo. Y en las negociaciones no pienses en ganar, sino en llegar a acuerdos.

Por eso siempre negocia en el mundo de tu contraparte y usa muchas frases como: "Te entiendo", "nada me gustaría más que...", "me pongo en tu lugar y...", "sé que lo que deseas es...". De hecho, la frase más poderosa en una negociación y que desarma por completo a tu contraparte es: tienes razón. ¡Aunque creas que no la tengan! Hacer una combinación de estas frases procura la relación humana y cuida que no se tomen las cosas personales en ninguno de los dos lados. Todo esto se conoce como "el desarme" y lo retomaremos cuando veamos el capítulo de asertividad.

Si a la hija que está pidiendo permiso, su papá le dice: "No, Acapulco está muy inseguro y además vas mal en el colegio", la respuesta tendría que ser "Tienes razón, papá, me pongo en tu lugar y entiendo tus preocupaciones, sin embargo...". Siempre habrá un sin embargo que te permitirá defender tu punto.

Digamos que Claudio se sienta con Roberta, siembra un buen contexto y finalmente le pide un aumento o el apoyo para la maestría, pero Roberta le dice: "Este no es el mejor momento para la empresa, no le estamos dando aumentos ni apoyos a nadie". En vez de recurrir a una queja o confrontación que no va a ayudar para nada, Claudio puede dirigir la conversación de manera que el aumento o el apoyo se convierta en un problema compartido: "Te entiendo, yo sé que lo único que quieres es ahorrar y que la empresa siga creciendo, y eso es lo que yo quiero también. ¿Qué puedo hacer para que me apoyen con la maestría?"

Y te reitero que esto lo debes hacer aun cuando no haya objeciones o cuando tengas la situación de poder. Si hay un pelo en tu sopa o se canceló tu vuelo, de nada te sirve hablarle mal al mesero o insultar al personal de mostrador. Lo único que conseguirás es que ahora le escupan a la sopa o le den prioridad de volar a los demás. Obvio que defenderás tus puntos y serás firme con tus derechos, pero siempre siendo suave con las personas.

Pregunta también lo más posible para entender los intereses secundarios de tu contraparte: "Entiendo por qué no, pero ¿en qué circunstancias sí?", "me da la impresión que lo que acabo de decir no te convenció mucho, ¿es correcto? ¿Cuál es la razón?" o: "Me está quedando claro lo que no quieres, pero me cuesta entender qué es lo que sí quieres o cómo tendrían que ser las cosas para que las aceptes".

Suena a cliché que información es poder, pero es cierto, como tal vez lo que te voy a decir para cerrar este capítulo suena simplista u obvio, pero es extremadamente fundamental para todo lo que estamos aprendiendo:

Cuando alguien te trata bien, los ayudas y tratas bien. Cuando alguien te trata mal, los maltratas por igual y harás hasta lo imposible para que no se salgan con la suya.

¡SALTE CON LA TUYA!
Vacunándote contra el NO

Llega el momento de jugarle al abogado del diablo y pensar en todas las objeciones que le pudieran poner a tu caso. Piensa por dónde te atacarías tú o qué peros le pondrías a tu caso si es que fueras la contraparte. Si son muchas no pasa nada, haz una lista de objeciones pues con ella trabajaremos también más adelante. Como dice el lugar común: reconocer el problema es el inicio de la solución. Por lo tanto, exhibe aquí tus objeciones:

____

____

____

____

____

____

¡Perfecto! Ahora que ya las conoces, ¿cómo te vacunarías contra ellas?

Te recuerdo la lista de técnicas que aprendimos para que pienses cuáles se adecuan más a tu caso y ejemplifiques cómo las vas a usar: 1) Atácate de inicio. 2) Convierte la objeción en razón. 3) Usa la objeción como moneda de cambio. 4) Cambia el enfoque. 5) Envenena el pozo. 6) Vacas sagradas. 7) Exagera para minimizar. 8) Minimiza. 9) Cambia el índice referencial. 10) Sé suave con las personas y duro con los problemas.

¡Vacúnate!

____

____

____

____

____

____

____

____

____

____

Dentro del tema de objeciones y cómo manejarlas, una habilidad fundamental es el saber responder a preguntas difíciles, pues las objeciones siempre generan dudas y cuestionamientos. Es por ello que te recomiendo leer el apartado de Preguntas Retadoras dentro del capítulo dedicado a preguntas y respuestas en mi *libro El Método H.A.B.L.A.* llamado: "¿Alguna duda?"

CAPÍTULO 6

APAGANDO EL FUEGO: MANEJO DE CRISIS

Ya que andamos en manejo de objeciones, es prudente que hablemos de este capítulo que espero nunca tengas que utilizar, porque si las acciones aquí descritas te son de utilidad, quiere decir que la regaste y necesitas salir del hoyo reputacional.

Una crisis es una situación complicada e inesperada en la que se producen serias dudas acerca de que un asunto o proceso pueda continuar, modificarse o terminarse, pues se compromete la reputación y se puede perder mucho en poco tiempo. Para que algo se considere una crisis debe de tener una serie de elementos, pues de lo contrario tal vez solamente sea desinformación, chisme o un problema de imagen del pasado que no entra en la categoría de crisis.

Los elementos para que algo sea considerado crisis son:

Factor sorpresa: si no sorprende es porque era algo de esperarse. Por ejemplo, si una persona que tiene fama de alcohólica se pone borracha en una fiesta, por más penosa que sea la situación, no sorprende.

Daña la reputación: la imagen es relativa a la esencia de una persona, sus objetivos y las necesidades de la audiencia. Por lo que las acciones desafortunadas de unos son acciones coherentes para otros. Por lo tanto, lo que para unos es crisis, para otros es un acto natural. Siguiendo con nuestros ejemplos de borrachos, no es lo mismo que bajen de un avión —por hacer desfiguros en estado de ebriedad— al líder desenfrenado de una banda de punk, que al inocente ídolo pop que supuestamente no rompe un plato.

Es un suceso reciente y requiere decisiones inmediatas: si es un evento antiguo y conocido, es ya un problema de imagen. El error fue no haber manejado la crisis en su momento. Si agarraste la borrachera fuerte hace tres años y eso te trajo un problema de imagen, lo siento; es malo, pero ya no es crisis.

Sentimiento o certeza de que se producirá un cambio para mal: si el suceso no te genera el sentimiento de que habrá un antes y después en tu imagen a raíz de haber sucedido, sería más bien un incidente desafortunado, pero entendible. Este sería el caso si se te pasaron las copitas en tu fiesta, bailaste de manera ridícula y en el chat de WhatsApp de tus amistades anda circulando un video tuyo bailando y hasta *stickers* te hicieron. Nadie está enojado contigo y sí, qué pena, pero no hay un antes y un después en tu reputación. Y la última y más importante de todas:

Es verdad y hay evidencia: si no es verdad, es desinformación, y si no hay evidencia, nunca pasó. Pero si no hay forma de negarlo u ocultarlo, es verdad y es evidente, ¡habemus crisis!

Y si ya te metiste en el hoyo, veamos cómo salir del mismo con persuasión, seducción y negociación. Aunque te dije que ojalá nunca tengas que utilizar este capítulo, la realidad es que equivocarnos es parte de nuestra naturaleza, por lo que tarde o temprano tendrás que utilizar este paracaídas que salvará tu reputación.

Si bien hay de crisis a crisis, la realidad es que para manejarlas con PSN la fórmula siempre es la misma, sin importar que unas sean más incendiaras que otras. Nuestras palabras siempre irán encaminadas a apagar el fuego, curar las heridas, y tratar de construir algo nuevo desde las cenizas.

Y ya que andábamos de briagos con nuestros ejemplos, pongamos un supuesto que cumpla con todos los requisitos de crisis y que te involucre en un supuesto descalabro de imagen pública por culpa de Baco y sus etílicos efluvios:

Imagina que despiertas con la peor resaca de tu vida sin tener certeza de cómo llegaste a tu cama, pero con destellos y *flashbacks* de que en la fiesta de la noche anterior te ridiculizaste, te quitaste la ropa, te peleaste con unos invitados y que además insultaste a tu pareja y de paso a tus suegros. Revisas tu teléfono y sí: ahí están tus fotos y videos a medio vestir y los mensajitos y *voicenotes* que evidencian tu mal comportamiento. Y lo peor de todo, a un lado tuyo en la cama está tu pareja con esa cara de enojo, tristeza e indignación que confirma que lo poco que recuerdas es real.

Como es normal errar, pero hacer más grave tu error por no saberlo manejar es de subnormales, veamos los tres pasos para manejar el incendio en caso de una crisis.

1) Primera etapa: apagar el fuego

Para ello revela tu propio error y no esperes a que te lo echen en cara. Recuerda la técnica del autoataque. Al revelar que te equivocaste recurre a la honestidad. Por eso lo primero que debes hacer es reconocer el error sin poner pretextos ni dar explicaciones, eso lo dejarás para más adelante si es necesario y si tienes alguna coartada o argumento de valor, lo que casi nunca sucederá. Los seres humanos tendemos a echarle la culpa siempre a algo o a alguien más para librarnos de las responsabilidades. Pero en una crisis somos culpables, por lo tanto, basta de pretextos y explicaciones y simplemente acepta que cometiste una equivocación. Para apagar el fuego, también debemos pedir perdón por habernos equivocado.

Por lo tanto, en nuestro ejemplo, la primera etapa de apagar el fuego sería decir algo como: "Amor, soy un/a imbécil, ayer me equivoqué, bebí de forma irresponsable e hice y dije cosas que estuvieron muy mal. Me ridiculicé y te falté el respeto a ti y a tus papás, por todo ello, de corazón te pido perdón".

2) Segunda etapa: curar las heridas

Una vez reconocido el problema, crea un vínculo emocional con la situación. Recurre a todas las emociones que puedas imaginar para hacer sentir que hablas desde tu corazón. Ante las crisis las personas afectadas no entienden de razones, pero siguen siendo empáticas con las emociones. Di que te sientes muy mal, que te está matando la vergüenza, que te entristece lo que pasó, que te pones en su lugar y estarías reventando del enojo, y si la ocasión lo amerita, hasta llora. ¿Patético? Sí. ¿Válido? También. Y en esta segunda etapa, nuevamente pide perdón, pero también ofrece soluciones, castígate si es necesario y ofrécete a enmendar los daños. Es finalmente una negociación en la que estás en disposición de hacer sacrificios y perder.

En nuestro ejemplo, las heridas se curarían así: "Y esta situación me tiene profundamente avergonzado/a y arrepentido/a, traigo una cruda horrible, pero la peor es la cruda moral. Me siento fatal por haberte fallado, por lo que una vez más te pido perdón. Pero me pongo en tu lugar y sé que será difícil perdonarme (empieza a llorar), pero déjame demostrarte que no soy mala persona, hoy mismo le hablaré a tus papás y con toda la vergüenza del mundo les pediré también perdón. Te he fallado y te prometo que nunca más beberé a ese grado".

Cuando la contraparte se da cuenta de que estamos dispuestos a cargar con las consecuencias de nuestros errores, lo más probable es que nos perdonen. Pero ojo, en esta etapa al negociar ofrece únicamente lo que verdaderamente puedas efectuar. Si te diste cuenta, la promesa fue "nunca más beberé a ese grado", porque si dices "nunca más probaré una gota de alcohol",

¡más te vale que lo cumplas! Pues si no, abrirás nuevamente las heridas y arderán más fuerte.

3) Tercera etapa: construir desde las cenizas

Finalmente, pasa de lo malo a lo bueno y déjalo como mensaje final. Así como cometiste un error, seguramente tu ethos tiene muchas otras cosas positivas que suman valor, por lo que trata de sacarlas a relucir y que ese brillo final se quede destellando como último sabor de boca. Ah, y una vez más, pide perdón.

Nuestro ejemplo tiene que cerrar más o menos así: "Y es una pena que esto me haya pasado estando tan cerca de nuestro aniversario. Estos años han sido los más felices de mi vida y cada día estoy más convencido/a de que eres el amor de mi vida. Eres mi todo y haré siempre todo lo posible por hacerte feliz. Deseo de corazón que esta estupidez de mi parte no empañe todas las cosas buenas que hemos vivido, por lo que una vez más te pido perdón. Te amo y por favor perdóname".

¡Listo! Fuego apagado, heridas curadas y reconstrucción iniciada. Lee nuevamente las tres partes del ejemplo y verás que se mitigó el daño. Ahora, no te confundas, no estoy diciendo que con esta técnica tu contraparte dará saltitos de alegría y estará feliz o que tu pareja en ese momento te va a preparar unos chilaquiles y a consentirte hasta que se te pase la resaca. No. Simplemente, el problema no se hará mayor, pues ¿qué va a decirte tu pareja después de eso? ¿Que eres imbécil, que debes cambiar, que debes enmendar tus errores, que te equivocaste, que empañaste una buena relación...? ¡Ya lo dijiste tú todo! Por lo que solo falta que el tiempo cierre la cicatriz y carpetazo al asunto.

Sigue esta técnica ante cualquier situación desafortunada de tu vida y verás que la condición humana de equivocarnos de vez en cuando no tendrá grandes consecuencias y podrás seguir construyendo desde el error.

CAPÍTULO 7

JUEGOS DE SEDUCCIÓN

"Te llevaré hasta el extremo, te llevaré (eh, eh, eh).
Abrázame, este el juego de seducción".

Gustavo Cerati (1959-2014)

Era 1987 y mi papá llegó a la casa con el disco de una banda argentina que pisaba por primera vez México y que se había presentado en su programa de televisión. El disco se llamaba *Nada personal* y venía firmado por sus tres integrantes. Ya conocíamos la canción "Cuando pase el temblor", pues desde un año antes era popular debido a que como nación seguíamos recuperándonos del sismo de 1985. Mi hermano dejó caer la aguja en el tocadiscos y explotamos. Con cada vuelta nos hacíamos más fans de Soda Stereo. Quién diría que diez años después estaríamos conviviendo con ellos en los camerinos después de su último concierto... ¡Gracias TOTALES!

El lado B de ese disco iniciaba con la canción "Juegos de seducción", y como niño me intrigaba y se me hacía prohibida por las sugerentes frases que utilizaba, anclando en mí que la seducción era algo perverso y meramente sexual, como seguramente a ti también te pasó. Obvio, no por culpa de Soda Stereo, sino por alguna referencia, película, historia, imagen o similar, en la cual ligaban la palabra seducción con labios rojos, miradas provocadoras y dedos índices que te atraen y provocan a asistir a lo prohibido.

¡Ya dijimos desde el inicio del libro que la seducción no solamente es eso! Sino que consiste en atraer a alguien con halagos para conseguir algo cautivando su ánimo. Pero tengo el don de leer mentes, y sé que con esta definición sigues pensando que la seducción es algo "malo", pues no te gustaría que alguien cautivara tu ánimo con halagos con tal de conseguir algo, sentirías que alguien abusó de ti o que te está manipulando.

Ya basta. Tenemos que pensar en la seducción positiva, en la que está enfocada al servicio y no al abuso de los demás. La canción de Soda Stereo dice "Voy a ser tu mayordomo... o puedo ser tu violador". Por favor, seamos mayordomos en el juego de seducción.

A la seducción positiva muchas veces se le llama carisma, o una palabra que me gusta más: magnetismo, pues habla de esa irresistible atracción y de ser un polo al que cosas buenas se le pegan. Es el *likeability* del que ya hablamos y sobre el que dije que podría escribir todo un libro. Sin embargo, no me quedo satisfecho con llamarle así a la seducción positiva. Pues el carisma, el magnetismo o el *likeability* son un efecto, no la causa. La seducción es una acción y no una posesión. ¡Seducir es un verbo! Es lo que hacemos para conseguir ese carisma, magnetismo y *likes* de la vida real. Por lo que veremos las tres acciones básicas para conseguirlo. Veremos el ABC de la seducción.

EL ABC DE LA SEDUCCIÓN

"Alvaro, es impresionante lo seductor que eres...", me dijo Fer mi amiga cuando íbamos en la secundaria. Cuando vio mi cara de asombro y que hasta me sonrojé, pues nunca me imaginé que me viera con esos ojos, se murió de risa y me dijo: "¡No, menso! No me refiero a que me gustes, sino a que te la pasas ligándote a medio mundo". Y no se refería únicamente al ligue para el "véngase pa acá", sino que me explicó que detectaba en mí que todo el tiempo estaba tratando de agradarle a la gente y que les "coqueteaba" sin que eso implicara nada sexual. Me decía que me "ligaba" a los maestros, a las personas de otras generaciones y a cuanta persona tuviera interacción conmigo. Y me preguntó: "¿Por qué lo haces?"

Primero me negué y le dije que no era cierto. Me dio más argumentos. Luego le dije que tal vez, pero que no lo hacía a propósito o que no me daba cuenta. Finalmente lo acepté y me empezaron a caer muchos veintes en donde me daba cuenta de que sin duda era un seductor. Por eso mi novia en turno se encelaba tanto, pues según ella le tiraba la onda a la cajera del cine, a sus primas y hasta a la misma Fer, cuando yo simplemente quería más palomitas, agradarles a sus familiares o tener amigos. O por eso mi mamá siempre contaba la anécdota de que cuando las maestras la mandaban llamar por motivos de conducta, le decían que era terrible y que me portaba muy mal, pero que no podían castigarme pues era muy lindo con ellas y les caía muy bien. ¡Era un seductor y eso no era malo! Me estaba saliendo con la mía sin tener que abusar de nadie más.

A partir de ese día abracé mi seducción y, lo más importante, la hice consciente. Empezó mi propio juego de seducción. De hecho, con la misma Fer establecí un juego donde ella me decía: "Anda, ve y lígate a la de la tiendita para que nos fíe, o lígate al profesor para que nos deje entregar el trabajo la próxima semana". Y cuando lo hice consciente desaté todo mi potencial seductor. Me empecé a dar cuenta que mientras más me esforzaba por servir, halagar y agradar a los demás, más se me facilitaba la vida. Y lo más importante de todo, me di cuenta de que cuando seducía sin ningún interés en particular, era más poderoso y que tarde o temprano el juego de seducción rendía sus frutos.

El magnetismo terminaba atrayendo las cosas que deseaba... como acabar en el camerino de uno de tus grupos favoritos en su concierto más importante.

El juego de seducción consiste en ser más agradables y generar empatía y simpatía. Pero cuidado, no te confundas: muchas veces la gente confunde la simpatía con ser chistosos o hacer bromas, pero no es así. La simpatía es un sentimiento de mutuo afecto, es cuando nuestros sentimientos están en comunidad con los de los demás. Si tus sentimientos no están en comunidad con los de los demás, serás una persona antipática. Así que una de las herramientas básicas de la simpatía es la empatía, que consiste en ponerte en el lugar del otro, meterte en su piel, en su cerebro y su corazón, para así seducir desde sus intereses.

Y sin importar para qué quieras seducir, la seducción positiva tiene tres ingredientes que siempre estarán presentes. Son tres acciones enfocadas en agradar a los demás y serán la causa para provocar el efecto de atracción. Lo mejor de todo, son tan fáciles de hacer que nada más al acabar este capítulo las podrás implementar. Veamos entonces estos tres apoyos que ayudarán a impulsarte para crear esa empatía y simpatía; veamos el ABC del juego de la seducción.

A) Sonríe y saluda:

En todos mis libros te he hablado del poder de la sonrisa y este no podía ser la excepción, ya que la sonrisa abre todos los canales de comunicación convirtiéndose en nuestro gesto más favorecedor. La sonrisa rompe con todas las barreras de raza, sexo, cultura, edad, religión, nivel socioeconómico y nivel cultural. Todos, al ver sonreír a alguien, lo decodificamos como empatía, amabilidad y seguridad. Estas tres palabras son lo que sin duda queremos transmitir durante el proceso de seducción positiva.

Por lo tanto, la sonrisa siempre será tu gran aliada en las primeras impresiones y también en las últimas. Con la sonrisa podrás incrementar tus posibilidades de vender, ligar, pedir un aumento y conseguir lo que te propones. Un estudio de la universidad de Florida dice que si al solicitar algo lo acompañas de una sonrisa, elevas hasta en 83% más las posibilidades de obtenerlo.

Además, la sonrisa no es solamente importante porque nos van a percibir como seres amables, empáticos y seguros, sino que la sonrisa es realmente poderosa por los efectos que produce en nuestro cerebro y en el de los demás. Al sonreír, nuestro cerebro genera endorfinas, dopamina y oxitocina; conocidas las dos primeras como las hormonas del placer y la última como la del amor. Estas sustancias se encargan de procesar la motivación positiva que recibimos y las generamos cuando algo nos gusta o nos da satisfacción, como cuando nos enamoramos, comemos chocolate, hacemos ejercicio, tenemos orgasmos o hacemos cualquier cosa que nos produzca placer.

Entonces, al sonreír estamos liberando estas tres poderosísimas sustancias en nuestro organismo y nos vamos a sentir muy contentos en nuestro proceso de seducción. Pero los beneficios de sonreír al querer lograr algo no se quedan ahí, sino que se vuelven más sorprendentes. Al principio del libro, cuando hablamos de motivaciones, dijimos que no tomamos decisiones con la razón, sino que las tomamos con el corazón. Pero en realidad ese "corazón" es nuestra amígdala cerebral, que es un conjunto de núcleos de neuronas cuyo papel principal es el procesamiento y almacenamiento de reacciones emocionales. Esta amígdala es muy importante porque nuestra mente decide mayoritariamente basada en sentimientos, y cuando se trata de relaciones humanas, estos sentimientos son los que deciden si aceptamos o no a alguien.

Cuando interactúas con los demás, los otros no están haciendo un juicio racional sobre tu persona: o todavía no te conocen para decidir si eres bueno o malo, o si te mereces o no las cosas, o ya te conocen y sus prejuicios están anclados en su mente emocional. Por lo que únicamente sienten, haciendo que la amígdala procese emociones agradables o desagradables ligadas a ti, segregando hormonas y demás neurotransmisores que ponen en acción su organismo, predisponiéndolos a aceptarte o rechazarte durante esa interacción personal. Esta es la base de la empatía. Es como cuando conoces a alguien en el ambiente social y desde que lo saludas sabes si te va a caer bien o mal.

Y aquí es donde la sonrisa se vuelve muy poderosa, pues en el plano de las relaciones humanas, todos queremos ligarnos a los que son más parecidos a nosotros, son buena gente y no representan una amenaza; así queda mostrada la empatía, amabilidad y seguridad que la sonrisa genera. Por si fuera poco, gozaremos además de los beneficios de uno de los descubrimientos más importantes de las neurociencias en los últimos tiempos: las neuronas espejo, que son las que nos hacen llorar viendo una película, excitarnos con imágenes eróticas, sufrir y sentir dolor cuando vemos una lesión aparatosa o regresarle una sonrisa a quien amablemente nos la regaló.

Nuestras neuronas "reflejan" la acción de otro, por eso el nombre de neuronas "espejo". Giacomo Rizzolatti, quien descubrió las neuronas espejo, dice que somos criaturas sociales, por lo tanto, nuestra supervivencia depende de entender las acciones, intenciones y emociones de los demás. Las neuronas espejo nos permiten entender la mente de los demás sintiendo, no pensando. Al sonreír, la sonrisa regresa multiplicada y despierta en nuestras audiencias el sistema de recompensa de su cerebro, donde radica el placer y el amor. Al sonreír estimulas la amígdala cerebral de los demás, haciendo que liberen endorfinas, dopamina y oxitocina y las liguen a ti. Un estudio de las Facultades de Medicina de Harvard y Yale comprobó que ver sonreír a alguien aumenta las posibilidades de sentirse más feliz y de establecer vínculos emocionales favorables con los demás.

Entonces, a partir de hoy, libera el poder de tu sonrisa y regálasela a cuantas personas puedas. Y si con la sonrisa ya abriste amablemente los canales de comunicación, ¡ahora no lo dejes ahí y saluda!

¡Sí! Saluda amablemente a todas las personas con las que interactúes y hazte presente. Si no saludas, aunque seas percibido como amable, no existes. Con el saludo empiezan a tejerse las relaciones humanas y se da la verdadera interacción social. ¿Te acuerdas del efusivo "¡Laura, qué gusto saludarte!" con la recepcionista del restaurante? ¿O qué tal la anécdota con el escritor Guillermo Arriaga en el elevador cuando le dije: "¡Guillermo, qué gusto verte!"?

Un buen tip es imaginarte que ya conoces a la otra persona y se caen muy bien, de esta forma nuestra sonrisa y lenguaje corporal será muy natural, además de que se activarán las neuronas espejo de la contraparte y sentirán lo mismo que cuando los saluda alguien que les agrada. A esto se le conoce como isopraxis y es la sintonía por imitación del comportamiento de los demás de manera natural e inconsciente a través del lenguaje corporal. Otro tip es que el cerebro interpreta el "qué gusto saludarte" como "qué gusto saludarte nuevamente", por lo que harás sentir a las personas que ya se conocen y se esforzarán mucho más en relacionarse contigo.

Ir a conciertos es de las cosas que más me gustan, pero en mi adolescencia y juventud era casi una profesión. No había fin de semana que no asistiera a una sala de conciertos y lugares de culto como el Bulldog y Rockotitlan, y los pequeños bares o grandes recintos como El Palacio de los Deportes y el Foro Sol eran mi segundo hogar. Parte del ritual era sonreír y saludar. Saludaba a los de la puerta y a los de la barra, saludaba a los de seguridad y a los de la consola de sonido, saludaba a los responsables del bar o a las personas que veía con mayor autoridad dentro del gran foro. La gente solía ser la misma y la primera vez que lo hacía, el saludo de algunos podía ser seco o hasta se sacaban de onda; la segunda vez, ya me saludaban receptivos por el recuerdo de habernos conocido. Para la tercera vez, conocían mi nombre y el saludo era con agrado con el típico: "¡Alvaro!, nuevamente por aquí". Para la cuarta, quinta o enésima vez, ya no hacía cola para entrar, me atendían antes en la barra y me servían de más, y los organizadores me ayudaban a conseguir algún autógrafo o lugares preferentes. Y eso es lo mismo que te tiene que pasar en los lugares donde tú te mueves y con las personas de las que dependen tus intereses.

B) Personaliza:

Ya que abriste canales de comunicación con la sonrisa y el saludo, debes saber que mostrar interés por los demás y preocuparte por sus vidas es de lo que más genera adeptos, pues en estos tiempos tendemos a "cosificar" a las personas. Esto quiere decir que simplemente las vemos como un objeto más al servicio de nuestros intereses. Por eso, cuando alguien recuerda tu nombre y lo usa, te hace preguntas sobre tu vida y recuerda esos detalles o se muestra preocupado por tus inquietudes e interesado por tus aficiones, se convierte inconscientemente en tu amigo, pues te hace sentir cercano.

Dale Carnegie dijo que el nombre de una persona es para ella el sonido más dulce e importante que pueda escuchar, porque nuestro nombre es el depositario de nuestra identidad. Cuando alguien no sabe tu nombre, no te identifica; pero al conocerlo y pronunciarlo, te hace consciente de que te identifica y te obliga a reconocer también su propia identidad. Es el precepto más básico de la personalización. Por eso, esfuérzate en detectar y aprenderte el nombre de las personas, y úsalo lo más que puedas al interactuar con ellas.

Sé muy inquisitivo en tus conversaciones y pon mucha atención en los pequeños detalles. La gente suele hablar de su familia, sus aficiones y sus preocupaciones. Hasta en las acciones que realiza o la manera como se viste, la gente está expresando y manifestando su individualidad, y todos queremos ser reconocidos. Cuando te cortas el pelo, obvio tú te das cuenta, ¿pero no te sientes mal cuando nadie más lo reconoce? Por eso fíjate mucho y escucha muy bien lo que la gente dice, y si no confías en tu memoria, lleva una agenda de color, que es anotar en la lista de contactos de tu teléfono datos más allá del número telefónico o la empresa para la que laboran. Apunta y acuérdate de detalles que para otros pudieran ser irrelevantes o pudieran pasar desapercibidos, pues cuando los sacas a colación, la gente se siente muy halagada por tenerla presente.

Aún recuerdo a Barbarita del antro Bulldog (y que, para mi fortuna, cuando me ponía fresa en Acapulco era la del mítico Baby'O) y su gusto por los Conejitos Turín, o a quien por anonimato llamaré Lobo y su fanatismo por los Ramones, quien era el jefe de seguridad de los grandes conciertos que organizaba la empresa más importante de entretenimiento en México.

Un día llegando al Bull vi que Barbarita, mítico personaje de la vida nocturna mexicana de aquellas épocas, se estaba comiendo un chocolate. Un acto totalmente irrelevante que decidí hacerlo relevante al sacarle plática sobre cuál era su chocolate favorito. La charla terminó en una competencia sobre cuál chocolate le ganaba a cuál, y los últimos finalistas fueron las M&M's de cacahuate y el Conejito Turín. Le dimos el triunfo a México. Pero lo más importante de esa charla es que pude descifrar a la persona detrás del mito, pues también aprendí otras cosas de su vida y sus funciones dentro de los antros que para todos eran un misterio. ¿Qué hacía y quién era esa señora de edad que siempre estaba sentada a la entrada de los mejores antros? Y esas charlas las llevaba también pasada la medianoche, a esa hora donde las cadenas y zonas de covers se quedaban vacías y el personal se aburría. Yo me tomaba cinco minutos de la fiesta para salir a tomar aire y platicar un poco con Barbarita.

Igual con el caso de Lobo. Siempre lo buscaba en el recinto para saludarlo y platicar con él. Un día me dijo: "Órale, qué chida tu playera de los Ramones", y de ahí la plática derivó a gustos musicales, a su canción favorita de la banda y a cómo era difícil conseguir t-shirts de bandas en México. (Sí, juventud actual, créanme que en los 90 era tarea casi imposible.)

Ok, Alvaro, ya entendí la importancia de personalizar, ¿pero fijarme tanto y recabar tanta información cómo para qué me sirve? Pues veamos la letra C de este ABC de seducción que es la que cierra la pinza.

C) Sé detallista:

Un detalle es un ligero rasgo de cortesía, amabilidad o afecto, para que no lo confundas únicamente con los pequeños regalos materiales que, si bien son muy válidos y también los utilizaremos, nos distraen de los otros muchísimos detalles que podemos tener con las personas con las que interactuamos todos los días. Claro que a partir de ese día cada vez que iba al Bulldog le llevaba un Conejito Turín a Barbarita, pero me agradeció mucho más un día que estuvo mal de salud y me preocupé por ella.

Por lo tanto, se trata de tener detalles dirigidos con mira láser y altamente personalizados. Ser detallista también es ayudar a alguien cuando lo necesita o mostrarle nuestro apoyo moral, desde prestarle nuestro cargador cuando se le está acabando la pila hasta asistir al funeral cuando perdió a un ser querido. Son también todos los gestos de cortesía que deberíamos hacer sin esperar nada a cambio. Los detalles, aunque son pequeños, se convierten en una avalancha de seducción. Lo más interesante del caso es que muchos estudios de psicología del comportamiento comprueban que la gente se siente en deuda o comprometida después de recibir estos detalles.

Si pusimos atención a la información que recabamos en la etapa de personalización, el detalle estará en demostrarle a la persona que la recuerdas, le eres importante y la tienes presente. Por ejemplo, si en la conversación dice que es fanático de algún equipo de fútbol y durante la semana su equipo ganó un partido, le puedes escribir haciendo un comentario al respecto. O si dijo que el jueves operaban a su mamá, ese día por la mañana mándale un mensaje con tus deseos de que todo salga bien y que le deseas pronta recuperación. De esta forma, las personas se sentirán escuchadas y generarás un sentido de complicidad y amistad.

Y te voy a dar un consejo muy fácil de hacer y que en estas épocas en un detalle que se agradece mucho. El día de su cumpleaños o en otras celebraciones especiales como fin de año o similares, no te sumes a las felicitaciones grupales. Hoy en tu cumpleaños, la gran mayoría de las personas te felicitan por un chat grupal de WhatsApp o se cuelgan de una publicación en redes poniendo comentarios básicos como: "¡Felicidades! Pásala muy bien (y emojis de corazones, serpentinas y fuegos artificiales)". Pero ¿quién te marca? Por lo tanto, haz la diferencia de hacer una llamada y conversar deseándole todo lo mejor. Verás cómo subes puntos en la lista del aprecio de los demás.

Y otro detalle muy ligado al juego de seducción son los piropos. Utilízalos para hacer sentir bien a los demás. Esto no necesariamente quiere decir que hables sobre el físico, aunque hay momentos en los que sí puede ser adecuado, como cuando a quien se cortó el pelo, además de notarlo, le dices que le queda muy muy bien. Pero puedes piropear casi cualquier cosa dependiendo del contexto. Si alguien te invita a su casa, puedes hablar bien sobre su decoración, el jardín o algún cuadro que tenga colgado en la pared. Yo cuando visito a prospectos de grandes corporativos, suelo buscar noticias sobre ellos y siempre encuentro algo positivo que me permite decirles: "Por cierto, felicidades por el reconocimiento que recibieron el otro día". Si alguien se puso un accesorio, escucha cierto tipo de música o tiene una mascota, tal vez esté en sintonía contigo, y el hecho de que a ti también te guste o coinciden en cosas va a generar muchísima empatía. Finalmente, siempre cuida mucho no confundir los piropos y los detalles con los sobornos y la lambisconería.

A inicios del 97 se presentó Kiss en México en el Palacio de los Deportes. Ese día por la mañana tomé el metro hasta el tianguis del Chopo, uno de los pocos lugares donde se podía encontrar *merch* de bandas, y compré la misma camiseta de los Ramones que ya tenía (y aproveché para maquillarme de Gene Simmons). Nunca en mi vida había recibido un abrazo tan truenahuesos como el que me dio Lobo cuando por la noche se la regalé. Cinco meses después se despedía Soda Stereo en el Palacio, y yo y mi hermano teníamos acceso a los camerinos gracias a Lobo. "¡Gustavo! Qué gusto saludarte..." Pues obvio saludé a Cerati como si fuéramos viejos conocidos.

Y el ciclo nunca termina. Este ABC es un abrazo a las emociones positivas de las personas y una vez que las abrazas no hay que soltarlas. Date cuenta que esto te servirá tanto para ligar como para vender. Si piensas que ligar o vender es difícil, quiero que sepas que es tan sencillo como sonreír, saludar, personalizar y ser detallista; verás que tarde o temprano muchas personas se terminarán enamorando de ti o se acercarán a comprarte. Pues como dice Víctor Gordoa en su libro *Imagen vendedora*: deja de vender y empieza a hacer que te compren.

Hoy, tantos años después, si bien ya no estoy para esos trotes musicales, sigo yendo a conciertos. No sé cuándo fue la última vez que tuve que pagar por un boleto y el *backstage* lo doy por hecho. Pero sigo practicando el ABC todos los días. Nunca pensé que de la mugre y sudor del rock mis aficiones fueran a pasar al refinamiento del golf y los vinos. "Alvaro, ¿cómo le hiciste para que te invitaran a la bodega de Vega Sicila en plena vendimia?" o: "¿Cómo le haces para que te dejen caminar junto a los jugadores en la final de un torneo?" Son preguntas que me hacen constantemente. De hecho, el otro día un socio del club de golf al que asisto se quejaba porque a mí me daban preferencia de salida o me atendían mejor en el restaurante o los vestidores. La queja me la hizo porque los del valet me trajeron muy rápido mi coche y él llevaba mucho tiempo esperando el suyo. Casualmente, nunca he visto a ese individuo sonreír ni saludar a nadie, y si no hace lo mínimo, hasta crees que va a personalizar o a tener detalles.

Por lo tanto, ¿cómo le hago? Muy fácil, abrazando a la gente y jugando este juego... ¡El juego de la seducción!

¡SALTE CON LA TUYA!
El ABC de la seducción

Para esta sección de práctica, solamente te voy a pedir que disfrutes el juego y te atrevas a jugarlo. Saca en este momento tu agenda o programa alarmas de recordatorio para los próximos días, en donde tengas muy presente que debes: A) Sonreír y saludar lo más que puedas; B) Personalizar y tener mucha atención a lo que dice y hace la gente, y apuntar o recordar los datos que podrás utilizar; y C) Ser muy detallista.

Jugarás el juego de la seducción con quien se deje, no forzosamente con las personas que deciden sobre lo que tú deseas; empiézalo a hacer parte de tu personalidad y actitud ante la vida.

Ahora bien, ya que estás consciente de que debes jugarlo con todas las personas, piensa puntualmente en qué datos o cosas puedes utilizar a corto plazo con aquella persona que sí deseas persuadir en particular. Piensa en si has jugado o no el juego de seducción con ella y genera una estrategia para empezarlo a jugar o mejorar a partir de hoy.

¿Cómo puedes puntualmente seguir el ABC con esa persona?

CAPÍTULO 8
PROPAGANDA VERBAL

"La herramienta básica para la manipulación de la realidad es la manipulación de las palabras. Si puedes controlar el significado de las palabras, puedes controlar a la gente que debe usar las palabras".

Philip K. Dick (1928-1982)

¿Cómo le hicieron las civilizaciones egipcias para lograr un consenso social en torno a las castas dominantes o qué hizo el Imperio Romano para infundir amor en su pueblo y temor en sus enemigos? La respuesta a todas esas interrogantes la encontraríamos en los grandes templos, palacios, tumbas y hasta en la estética y maquillaje de los antiguos egipcios; o en los arcos triunfales, calzadas, acueductos, palacios, monedas y hasta el circo del Imperio Romano... Pero todo esto puede englobarse en una sola palabra: ¡Propaganda!

La propaganda ha sido una actividad humana tan antigua como evidencias existen, por lo que la historia de la propaganda no sería otra cosa más que la historia universal. Sin embargo, la Iglesia Católica fue la primera en utilizar el término como tal en 1622, cuando el Papa Gregorio XV decide fundar la Propaganda Fide (propagar la fe) con la intención de difundir el cristianismo en las nuevas tierras descubiertas a través de acciones persuasivas de conversión de credos. Y así, hicieron desde representaciones teatrales infantiles para contar su historia, golpear algo que simbolizara los pecados capitales para obtener recompensas, o unir sus sacramentos con los rituales de las nuevas tierras para explicar que puedes comerte a un ser humano de manera simbólica. Hasta el día de hoy, las pastorelas, piñatas o la celebración del Día de muertos con su huesudo Pan de muerto nos siguen rodeando.

La connotación religiosa de la palabra desapareció con el uso de la propaganda por parte de los regímenes totalitarios y las revoluciones del siglo XX, las Guerras mundiales y la Guerra fría. Al día de hoy, la propaganda se vincula con las estrategias de los partidos políticos, gobiernos e industria de consumo no identificados forzosamente con las fórmulas de gobierno totalitarias.

Pero en la historia de la propaganda es muy importante rescatar a un jovencito que, al ser sobrino de Freud, empezó muy joven a estudiar sobre mente grupal, psicología de masas y las leyes de imitación, así como todas las teorías del psicoanálisis de su tío. En sus estudios empezó a darse cuenta de cómo las personas eran muy manipulables y que había hechos históricos que podían comprobarlo, pero necesitaba un nombre para sus teorías. Para bautizarlas, recordó que cuando hizo un análisis histórico sobre la manipulación y la persuasión se topó con todas las estrategias que hizo la Iglesia Católica durante la Propaganda Fide y no pudo más que admirarlas, por lo que decidió retomar el nombre y empezar a decir que él hacía propaganda. Se convirtió en el primero en escribir un libro con este nombre.

Así, logró que lo contrataran las tabacaleras para hacer que fuera bien percibido que las mujeres fumaran o que los médicos declararan que inhalar humo después de comer era bueno para la digestión. También ayudó a fundar los conceptos alrededor de Wall Street, Hollywood o la industria de la moda tal y como los conocemos al día de hoy. Este joven se llamó Edward Bernays, murió de 104 años en 1995 y cambió al mundo. Pero lo más sorprendente de todo: ¡es un perfecto desconocido para la mayoría!

Durante la Primera Guerra Mundial y con apenas 23 años, el presidente Woodrow Wilson contrato a Bernays para fundar el Committee on Public Information (también conocida como la Creel Commission) con el objetivo de volcar la opinión pública a favor de participar en la Guerra del lado del Reino Unido y odiar a Alemania. Con los servicios de Bernays se controlaron todos los medios: se creó la Division of Pictorial Publicity, de donde salieron carteles emblemáticos como el Tío Sam o Rosy La remachadora y se orquestaron los *Four-Minute Men*, 75,000 voluntarios que daban discursos por todo el país tejiendo una red de influencia. En tan solo 6 meses crearon una impresionante histeria anti-alemana, haciendo que el día que el presidente declaró que entrarían a la guerra fuera día de fiesta nacional.

Por primera vez se sintió el poder de la propaganda y se hizo consciencia sobre la misma. Durante la Gran Guerra, Bernays y su equipo hicieron en paralelo una guerra de propaganda y esta se convirtió en factor fundamental para el triunfo a nivel psicológico. Como Harold Lasswell diría en su libro *Propaganda Technique in the World War*: la propaganda es el instrumento más poderoso del mundo moderno.

La experiencia de la Primera Guerra Mundial hizo que se creara un sólido aparato teórico para el estudio de la Propaganda. Al terminar la guerra se fundó el *Institute for Propaganda Analysis*, conocido como IPA por sus siglas en inglés, organización compuesta por sociólogos, líderes de opinión, historiadores, educadores y periodistas preocupados por el incremento de la propaganda que no permitía a las personas formarse una opinión personal. Su propósito era esparcir un pensamiento racional y blindar a la sociedad contra la propaganda: "Enseñar a la gente cómo pensar en lugar de qué pensar", decían. ¡Qué utópicos!, les salió el tiro por la culata.

Para difundir su mensaje utilizaron flyers, dieron conferencias, publicaron una revista y varios libros como *The Fine Art of Propaganda*, *Propaganda Analysis*, *Propaganda: How To Recognize and Deal With It* o el ya mencionado de Harold Lasswell. El IPA también analizó y catalogó todos los métodos propagandísticos que se conocían al momento y creó una catalogación de las principales técnicas llamada los *Seven Common Propaganda Devices* (siete mecanismos más comunes de la propaganda).

De lo que no se dieron cuenta fue que lo único que hicieron fue ponerles nombre y apellido a las técnicas, estructurar las teorías y, sin quererlo, dar clases de propaganda para que muchos más se dedicaran a ella e influenciar a muchas personas para que la utilizaran.

Dentro de estas personas estaban Hitler y Goebbels, este último se nombró como *Propagandaministerium* o ministro de Propaganda, y el resto es historia...

Y ahora tú tendrás acceso a esos siete mecanismos más comunes de propaganda para seguir saliéndote con la tuya. Pero antes, tenemos que definir que la propaganda es la acción y efecto de dar a conocer algo para ganar adeptos y persuadirlos. Viene del latín *propagar*, que quiere decir multiplicar y extender el conocimiento de algo o la afición a ello. La propaganda se puede dar a través de medios visuales, audiovisuales, mercadológicos, de publicidad y redes sociales, entre otros.

Pero sin duda, la herramienta más fuerte de la propaganda es la palabra, por eso nos enfocaremos en la propaganda verbal.

La propaganda verbal es subjetiva, pues su propósito no es informar ni presentar una realidad objetiva, sino que se basa en opiniones y debe presentarse con una alta carga emocional; para influir y convencer, se necesita la convicción de la persona a quien nos dirigimos. Así, el mensaje central de la propaganda es: QUIÉREME.

Por eso la propaganda sirve muchísimo para vender, ya sea un producto, un servicio, una idea o hasta para para venderte. Los ejemplos que utilizaremos para explicar los siete mecanismos serán aplicados a las ventas, pero si te das cuenta, todo en PSN vende algo. En nuestros ejemplos pasados, Claudio le está queriendo vender la maestría en automatización a Roberta, Ulises está vendiéndose como masajista, la hija les vende a sus papás el plan de ir a Acapulco, y tú le vendes a tu pareja la película que para esta altura del libro ya hasta te sabes su nombre. Pero pongamos también ejemplos de cómo vender un producto o un servicio, y como lo que más usamos al día de hoy es nuestro *smartphone* o lo que más nos tratan de vender son seguros, usémoslos para ver cómo, en un mercado tan competido, estas estrategias son una gran ventaja. Veamos entonces los siete mecanismos más comunes de la propaganda.

Nota: debido a la difícil traducción de algunos conceptos, dejaremos los nombres en inglés tal cual los acuñó el IPA.

1) Glittering Generalities

"Este *Smartphone* es una maravilla y es lo mejor de lo mejor que hay en el mercado. Está hecho con tecnología de punta y va a revolucionar tu experiencia con un teléfono".

El primer mecanismo se llama *glittering generalities*, que podríamos traducir como generalidades brillosas o palabras virtuosas. Es el uso de palabras emocionalmente positivas y enunciados abstractos que hacen referencia a altos valores. Se basan en la ambigüedad del significado de las palabras para provocar reacciones positivas en quien las escucha. El significado de estas palabras varía según la interpretación de cada individuo, pero su significado connotativo siempre es positivo. Nuestra reacción natural es asumir que la palabra se está usando en nuestro sentido. Si un candidato político te dice: "Tu esperanza es mi compromiso", ¿cuál es tu esperanza? ¡No sé! Pues no es lo mismo la esperanza del campesino que de la empresaria, del joven con discapacidad o del anciano pensionado, y no es lo mismo tu esperanza que la mía. Vaya, ¡hasta los delincuentes tienen esperanza de que no los atrapen! Pero sea cual sea tu esperanza... ¡Es mi compromiso!

Estos enunciados los aprobamos sin razonar ni pedir evidencia pues suenan sinceros. En nuestro ejemplo inicial, use palabras como "una maravilla", "lo mejor de lo mejor", "tecnología de punta" y "revolucionar tu experiencia". Todas estas son *glittering generalities,* pues explícame: ¿Qué quiere decir que un *smartphone* sea maravilloso o qué es lo mejor de lo mejor? ¡No lo sabemos!, pero definitivamente es algo bueno y el consumidor lo sabe.

De hecho, acabo de recordar que cuando vimos pathos y vendimos mi coche usado, dije que era "un bombón". Como la maestría de Claudio puede ser "increíble", el masaje de Ulises "una delicia", el plan a Acapulco "una oportunidad magnífica" e ir al cine "un súper plan". ¿No te parece que esta estrategia es "poderosísima" y "te cambiará la vida"?

Por cierto, si te interesa, tengo un seguro de vida que es "inigualable" pues "vela por tus intereses" y el "bienestar" de tu familia.

2) Transfer

"Este *smartphone* está hecho en Alemania, no como los otros que están hechos en China. Vaya, en pocas palabras, es el Mercedes Benz de los teléfonos".

La transferencia, también conocida como asociación, consiste en proyectar cualidades positivas o negativas de una persona o cosa a otras para hacer que estas segundas parezcan más aceptables o rechazables. Se transfiere la autoridad, el prestigio y los valores, pero también los problemas y los prejuicios negativos.

En el ejemplo inicial hago tres transferencias. Primero, menciono que el producto es alemán, porque tenemos una idea preconcebida de que en Alemania se hacen bien las cosas, pues son estructurados, organizados y preocupados por la calidad, transfiriendo esas cualidades al producto. En segundo lugar, digo que la mayoría de los otros *smartphone* están hechos en China, porque tenemos el prejuicio de que lo *Made in China* es barato y de mala calidad, transfiriéndole eso a mis competidores. Por último, digo que el *smartphone* es equivalente a un Mercedes Benz, es decir, algo elegante, de lujo y de la mejor calidad.

Como pueden ver, el transfer tiene mucho que ver con el ethos y se basa en prejuicios. Consiste en agarrarse del ethos de otra persona, institución, producto o suceso para relacionarlo con lo que estoy tratando de vender. En términos coloquiales, es un "dime con quién andas y te diré quién eres" versión propaganda verbal.

De esa forma, el plan de estudios de la maestría de Claudio es muy similar al que imparten en MIT y las empresas del Silicon Valley siempre andan cazando a sus egresados. Las manos de Ulises son las manos de Dios. Las amigas con las que se va a Acapulco la niña son puras monjas. Y la película tiene tan buenos efectos especiales que dicen es el *Jurassic Park* o *The Matrix* de esta era.

Y por si te interesó el seguro de hace un rato, funciona también como un plan de ahorros y se convierte en la mejor casa de bolsa que te podría atender.

3) Name-Calling

"Y olvídate, estos *smartphones* no son ni las baratijas esas que parecen que te regalan en los chicles ni los robos a mano armada que lo único que tienen es buena mercadotecnia".

El *name calling* es lo contrario a las *glittering generalities*. Son palabras fuertes con las que atacamos a nuestros contrincantes con el objetivo de deshumanizar, humillar y etiquetar de manera negativa utilizando prejuicios y estereotipos existentes para generar rechazo hacia algo. El objetivo es arruinar la reputación o el ethos de algo o alguien.

Los políticos son maestros del *name calling* y basta que veas cualquier día las noticias para encontrar ejemplos, por lo que no me desgastaré citando a esos oportunistas, mentirosos y corruptos (¿ya entendiste el *name calling*?). En nuestro ejemplo de *smartphones*, llamo a los productos de la competencia "baratijas" y "robos a mano armada", de esta forma genero rechazo hacia ellos, incluso puedo hacer sentir que es vergonzoso tener un aparato de otra marca.

El *name calling* puede hacerse de manera indirecta y hasta a la inversa, como lo aprendimos en la técnica de envenenar el pozo, que recuerdas bien porque eres una persona inteligente (si no te acordaras serías una persona tonta y a esto nos referimos). Es recomendable hacerlo así cuando queremos ser políticamente correctos, pues es más sutil porque no tienes que insultar de manera directa.

Para Claudio, las empresas arcaicas no se están automatizando y hay maestrías en escuelas patito con las que hay que tener cuidado. Los otros masajes que se ha dado Normita son viles manoseos hechos por patanes que solo quieren abusar. La acapulqueña agradece que sus papás sí tengan criterio y que no sean como los otros padres tiranos. Y obvio el resto de las películas que hay en cartelera son una porquería o están aburridísimas.

Y regresando al tema de los seguros, ten mucho cuidado pues hay muchas estafas y agentes oportunistas, por lo que la gente que sabe y toma una decisión pensada, elige este plan que te estoy ofreciendo.

4) Card Stacking

"Y aún no te he dicho lo mejor, y es que este *smartphone* tiene la mejor batería del mercado pues le dura 80% más que a otros. Además, cuenta con una garantía de por vida que incluso si se te cae y se rompe la pantalla, te la cambian sin costo. El único problema es que normalmente hay lista de espera para comprarlo, pero déjame revisar si todavía puedo venderte uno, pues creo que alguien no vino por el suyo y tenemos uno en almacén".

El *card stacking* toma su nombre de los trucos de magia y de las apuestas, en donde el mago o el apostador tramposo acomodan las cartas a su favor y sorprenden o ganan la partida sin que su audiencia o contrincantes se den cuenta del truco. Por lo tanto, la técnica consiste en acomodar las circunstancias de una manera ventajosa para nosotros. Y si bien esto ya lo hacíamos desde que sembrábamos un contexto o tomábamos la posición de poder, en este caso la ejecución es diferente, pues el objetivo es presionar a que le gente tome una decisión a nuestro favor.

Hay dos formas de hacer *card stacking*: a través del *cherry picking* o a través de los *stunts.*

El *cherry picking,* que se traduce a "seleccionar las cerezas", es un concepto que viene de los mercados, en donde los vendedores colocan las cerezas más grandes, bonitas, brillosas, jugosas y limpias hasta arriba de la canasta, ocultando las no agraciadas en fondo para que las personas den por hecho que toda la canasta es igual. Consiste en hacer una omisión selectiva: omito los detalles que no me favorecen para hacer sonar más atractivo lo que estoy vendiendo.

Es algo que hacemos mucho cuando ligamos o cuando nos entrevistamos para un trabajo, solo hablamos de nuestras cualidades. Incluso si te preguntan por tus defectos, dirías lo que en realidad es una virtud, como que eres perfeccionista. Nadie respondería que tiene gases nocturnos o que es disperso y le gusta dormirse en el trabajo. Esta técnica es tan normal y fácil de entender que no hace falta que te ponga muchos ejemplos, pues con el *smartphone* hablé de la duración de la batería y de la garantía del producto, pero obvio no dije que la duración es solamente cuando el teléfono no está activo y que se tarda muchas horas en cargar, como tampoco menciono que la garantía es directamente con el proveedor en Alemania y es muy complicado hacerla válida. Y esta es una manera de manipular la información sin tener que mentir. Para ponerlo en uno de nuestros ejemplos, la hija les diría a sus papás que va con sus amigas las monjas, pero no les dice que su novio estará en el departamento de al lado.

En el mundo de los seguros el *cherry picking* son las famosas "letras chiquitas" de los contratos: los beneficios quedan muy claros y en grande, pero con las restricciones hacen todo lo posible para que no las leas. Finalmente, el *cherry picking* también puede hacerse a la inversa: sacas las cerezas más feas de tu contrincante y las pones hasta arriba de su canasta, pues es lógico que no hablarás de las virtudes y ventajas de tu competencia, pero feliz te extenderás hablando de sus defectos.

La otra forma de hacer *card stacking*, los *stunts*, son montajes o trucos que se sienten como coincidencias, pero que están planeadas para ayudarnos a lograr nuestros objetivos.

Usé este recurso en el ejemplo de pathos cuando vendía el coche. Fingí que recibía una llamada para dar a entender que había una persona en el banco dispuesta a pagar por él. Ese es un *stunt* doble, pues es *stunt* de escasez y de tiempo. El *stunt* de escasez es hacer sentir a la contraparte que hay poco de lo que se desea, pero mucha demanda. Es el montaje que utilicé con el *smartphone* al decir que había lista de espera. El de tiempo, es el que te hace sentir que si no tomas la decisión en ese momento perderás la oportunidad. Lo vemos constantemente en las promociones: "¡Solo por hoy, 30% de descuento...!" Es si Claudio le dijera a Roberta que ya había aplicado para la maestría hace un año y lo habían aceptado, pero que en ese momento no podía pagarla, pero le acaban de decir que si se inscribe en este ciclo le respetan el examen de admisión y precio anterior, pues para el siguiente curso tendría que aplicar nuevamente el examen y pagar más pues habrá incrementos.

Y así también hay montajes de exclusividad y de aspiración, donde te hacen sentir que algo es exclusivamente para ti o para unos pocos, o bien, que si lo obtienes pertenecerás a una élite superior. Los vendedores de tiempos compartidos suelen decir cosas como: "Y creo que cumples con el perfil de nuestros miembros platino, por lo que te voy a enseñar su zona de villas que no se las enseñamos casi a nadie, pues es lo más privado y selecto de nuestro club de vacaciones y están diseñadas para la gente que busca la mayor privacidad y lujo", cuando en realidad el perfil de sus miembros platino es cualquiera que esté dispuesto a pagar.

Esto lo hacen también muchas tarjetas de crédito: "Estimado señor Gordoa, ¡muchas felicidades! Hemos analizado el buen uso que le da a nuestra tarjeta y usted ha sido seleccionado para acceder a nuestro programa..." Estos *stunts* de exclusividad y aspiración son los que le aplicó Ulises a Normita al decirle que muy pocos tienen el privilegio de gozar de sus masajes. Y hablando de Ulises, él también utilizó uno de los *stunts* más riesgosos y que hasta el nombre es incómodo: el *stunt* de discriminación. Lo usó cuando le dijo que fuera ahorrando para el masaje, pues no le alcanzaba. Este montaje pica el orgullo de la contraparte quien actúa simplemente para demostrar que sí puede. Puede hacerse de forma muy sutil como me pasó a mí: "Señor, le traigo nuestra carta de vinos de mesa pues me imagino que no está interesado en nuestra selección premium", me dijeron una vez en un restaurante de Las Vegas. Ya me imagino cuántos vinos caros venderán con esa estrategia en un lugar tan pretencioso como la Ciudad del Pecado, donde toda la gente desea demostrar que tiene y puede.

¡Y los *stunts* puedes utilizarlos todos a la vez! Puedes hacer montajes de escasez, tiempo, exclusividad, aspiración y discriminación en una sola apuesta. ¿No me crees?

Ok, voy a hacer algo que no debería y a ver si no me regañan, pero esta semana cerré un paquete de seguros muy grande para una empresa, con beneficios extras y un trato especial por volumen, y creo que podría meterte como parte del grupo. Pero por favor, no le digas a nadie pues sería algo solo para ti. Lo que sí es que me tendrías que definir hoy, pues tu nombre tiene que entrar en el paquete a más tardar mañana. Y sinceramente, es nuestro seguro top y por tu perfil de edad e ingresos seguramente no podrías aplicar para él, pero con esta empresa hicimos una excepción de perfiles y podría colarte... ¡Cinco *stunts* en uno!

5) *Testimonial* o testimonial, que en este caso da lo mismo:

"Cuando hicimos la presentación de los *smartphones* en México, se lo dimos a prueba a una influencer y estaba muy reacia de usarlo pues decía que no se iba a acomodar. Pues bueno, a los dos días estaba feliz e hizo un pedido para todo su equipo de trabajo. Además, la revista *Wired* acaba de sacar un artículo sobre los mejores teléfonos y tienes que leerlo, le dan la puntuación más alta".

No hace falta que te explique que un testimonial es el apoyo dado por una persona o institución para aprobar o rechazar algo, por lo que mejor vamos a centrarnos en las recomendaciones al momento de utilizar la estrategia de testimonial.

La primera es que la persona o instancia que da el testimonial puede o no ser experta en el tema, pero sí es importante que no sea parte del mismo y esté alejada de cualquier interés. O sea, de nada sirve que el dueño de empresa de *smartphones* diga que su teléfono es el mejor. Por eso yo no entiendo en la política cuando un miembro de un partido o gobierno da un testimonial de apoyo a un miembro de su mismo partido o proyecto; se adulan entre ellos, pero para la gente es irrelevante. Pero cuando un artista o deportista famoso los apoyan, ahí sí puede ser muy persuasivo. A eso me refiero cuando digo que no forzosamente deben ser expertos en el tema, pues esos artistas y deportistas de lo que menos saben son de políticas públicas y macroeconomía, pero el testimonial funciona, pues lo que se explota es la popularidad. En el caso de nuestro ejemplo de telefonía, uso a la revista *Wired,* que sí es una instancia experta en análisis de tecnología, pero también a una influencer que es experta en otros temas.

La segunda recomendación es que los testimoniales se pueden realizar de manera directa, en donde se recomienda o se habla bien de algo de forma explícita, o indirecta, a través de la connotación. El testimonial de Wired es directo, el de la influencer, indirecto.

Y la recomendación más importante: lo que más pesa es la reputación de quien da el testimonial. Porque esta técnica está muy ligada a la de *transfer,* pues se transfiere el ethos o la credibilidad de quien da el testimonial hacia la cosa o persona que avala. Quien da el aval puede estar vivo o muerto, existir o ser de ficción, haberlo dicho ayer o hace milenios... pero siempre debe ser querido o al menos respetado.

¿Y cómo es eso de que puede ser de ficción o milenario y aun así sirve el testimonial? Sí, tú puedes citar al tío de Spiderman para hablar de responsabilidad o un pasaje de la Biblia si crees que te funciona. De hecho, hasta el cliché de utilizar una frase célebre de alguien respetado es una estrategia testimonial, pues como dijo Julio Cortázar: "Al citar a otros, nos citamos a nosotros mismos". Y hasta los refranes son testimoniales, pues ahí el aval lo da la sabiduría popular y si lo dice la gente, ha de ser verdad, pues ya sabes lo que dicen: "Si el río suena..."

También puedes usar como testimonial únicamente el ethos de una profesión, una nación o cualquier grupo representativo. Cuando un imbécil dice cosas como "pues muchísimos doctores dicen que las vacunas no sirven", se le olvida a esa persona que también puede haber muchísimos doctores imbéciles, pero la gente no lo cuestiona.

Por lo tanto, la hija puede enseñarles a sus papás un artículo de un medio reputado donde se mencionan los beneficios de que los adolescentes viajen solos, argumentar que la princesa de España viajó sola por primera vez a los 15 años por recomendación formativa de sus padres, o inclusive dar el testimonial más fuerte que es... ¡el de la propia persona que quieres persuadir! Diciéndole cosas como: "Papá, tú dijiste el otro día que ya voy teniendo edad para hacerme responsable de muchas cosas por mi cuenta, es por eso que...".

Entonces ya te podrás imaginar cuántos testimoniales de egresados podrá sacar Claudio, pues las propias universidades los recaban, o seguro encuentra una lista de Mejores Universidades en algún medio donde aparezca la de sus deseos y le sirva como aval. Ulises podría decirle a Normita que tenía una novia que siempre que estaba tensa le decía que estaba tan solo a "un masaje suyo para estar de buen humor". Y tú le podrías decir a tu pareja que los críticos dijeron que la película de coches y robots está buenísima, y que viste que en Rotten Tomatoes trae 93% de puntuación.

Y para terminar esta técnica, déjame decirte que Warren Buffet dijo que alguien que quiere crear patrimonio, lo primero que tiene que hacer es tener un seguro. Y nuestra póliza cumple con esa máxima a doble partida, pues no solo te asegura, sino que al funcionar como caja de ahorro te ayuda a construir patrimonio. Todas las instituciones de inversión importantes también dicen que este tipo de pólizas son las mejores. De hecho, Cristiano Ronaldo en su momento aseguró sus piernas con un producto como este, que si no lo usaba, se le regresaba su dinero como inversión. Además, en temas de seguros, no por algo dicen que más vale prevenir que lamentar.

6) Plain Folks

"Y veo que tienes hijos pequeños. Yo también y este *smartphone* es una maravilla, pues si te dan la garantía de por vida, es porque es muy resistente a golpes y maltratos. No es broma, mi hija de cinco años lo ha tirado unas quince veces y la verdad es que ya ni me preocupo".

El *Plain Folk*, que traduce a "gente común", básicamente se trata de comunicar "soy igual que tú". Es cuando el emisor imita el lenguaje, las maneras, las preocupaciones y la apariencia de la gente "normal" o de su audiencia. Por el mecanismo psicológico de proyección, las personas tenemos más tendencia a aceptar y valorar de manera favorable a quienes se nos parecen. Esto se puede lograr a través de los ejemplos que ponemos, el uso de palabras coloquiales o *slang* y hasta la vestimenta.

Por ejemplo, los grandes políticos populistas que llegan y se instalan en el poder son unos genios de esta estrategia, pues utilizan lenguaje popular y limitado, visten de manera humilde, viven y se mueven con austeridad, y todo lo que dicen y hacen es como el pueblo y a favor del pueblo. Mientras curiosamente sus hijos y aliados viven en mansiones y tienen un estilo de vida un poquito alejado de la gente común.

Pero no se confundan, el *Plain Folk* no siempre se trata sobre lo popular o austero, simplemente se trata de imitar a las personas a las que les estás vendiendo algo. Se trata de generar *rapport*, que es el fenómeno psicológico en el que dos personas sienten que están en sintonía y por lo tanto simpatizan por ser afines. Por eso hace un momento entrecomillé la palabra "normal", pues a veces lo "normal" será lucir ostentoso, presuntuoso, relajado, rebelde, mojigato, científico, espiritual, pragmático, idealista o cualquier tipo de estereotipo que se te ocurra. El chiste es fijarte muy bien en cómo es tu audiencia e imitarla de una forma que se sienta natural.

En México, hay gente que dice cabello y otros decimos pelo, y ambos odiamos escuchar la palabra que consideramos no es la correcta. Por lo que si eres *team* pelo y detectas que estás ligando con una persona *team* cabello, tendrás más posibilidades de conquistar si le dices que su cabello está hermoso y no que su pelo está bonito. Y ya decidirás también si se van a la cita en coche o en carro, y si le dices provechito antes de cenar o no.

También tendrás más posibilidades de que te contraten si te vistes y expresas como el prototipo del empleado ideal de esa compañía. Por lo que si trabajas en un despacho de abogados en donde todos los socios y socias utilizan un lenguaje muy sofisticado, hablan siempre de los mismos temas y se visten con trajes finos, lo mejor que puedes hacer para que algún día te hagan parte de la sociedad es desde el día uno hablar como ellos, interesarte por sus intereses e invertir en un buen traje. A la hora de considerar diferentes candidatos para un nuevo puesto, percibirán que tú ya perteneces.

En el ejemplo del *smartphone*, detecto algo muy particular sobre la persona a la que le estoy vendiendo y apelo a eso específicamente, por lo que le cuento que yo también tengo hijos y describo una situación cotidiana que probablemente ambos vivimos. Pero si hubiera sido un chavo hípster con pinta de creativo que trae una t-shirt de un grupo musical, probablemente le hubiera hablado sobre la calidad de las bocinas integradas al teléfono o la maravilla de cámara con todas sus funciones de edición. El chiste es imitar las palabras y maneras que utiliza la persona a persuadir.

Y como tendríamos que entrar en muchos supuestos de cómo es Roberta la jefa de Claudio, Normita, los papás de la viajera o tu pareja, mejor te digo que al igual que yo, eres una persona a la que le gusta convencer a los demás e influir en sus decisiones, si no nunca te hubieras acercado a este libro, por lo que tengo la certeza de que no me equivocaré al invitarte a que te sumes a mi equipo de ventas de seguros y así asegures también tu éxito. ¡Qué esperas!

7) Bandwagon

"Y no por algo este *smartphone* es el que más se vende, y si te fijas en Amazon, es el que más reseñas positivas tiene. Y es que hoy la mayoría de la gente prefiere tener durabilidad de batería y que no se les rompa, por eso es que se agota tan rápido. Todo el mundo lo está volteando a ver, aunque aquí en México solo los verdaderos conocedores son los que lo están agotando".

En español podemos llamarlo el "carro ganador" o "efecto de adhesión al ganador", aunque la traducción literal sería "el vagón de la banda". El termino proviene de las carretas que transportaban a las bandas de música en los desfiles y que también se usaban en los circos itinerantes, que cuando llegaban a los poblados, pasaban exhibiendo los animales en jaulas y usaban la música para llamar la atención de la gente, que de inmediato salía a las calles y los seguía atrayendo a una gran multitud.

Esta práctica saltó a la política gracias a Dan Rice, bufón personal de Abraham Lincoln y payaso profesional, quien usó el *bandwagon* de su circo para los eventos de campaña de Zachary Taylor, quien llegaba a los poblados y congregaba a grandes masas en sus discursos, arrastrándolos con la música, mientras sus adversarios reunían tan solo unos cuantos, dando la impresión de que no eran populares.

El efecto de adhesión al ganador se basa en el hecho de que las personas generalmente creen y hacen lo que la mayoría hace y cree, pues ante la duda nos dejamos influir por las decisiones de las masas, ya que si muchos lo hacen, ha de ser lo correcto. En resumen y sin tacto: nuestro comportamiento es gregario y somos unos borregos.

Por eso es que nuestra amiga de Acapulco puede decirle el clásico: "Los papás de todas las demás ya las dejaron ir". Bajo el riesgo de que le respondan el aún más clásico: "¿Y si todas tus amigas se avientan de un puente tú también lo vas a hacer?" Por eso hay que tener cuidado con el *underdog effect*, que es cuando la gente no es borrega, no le gusta lo masificado y hasta se le hace cool tener y hacer lo que no es popular o favorito de las masas.

De hecho, podemos y debemos utilizar el *underdog effect* cuando lo creamos conveniente. Ulises no puede estar diciendo que anda regalando masajes al por mayor y que toda la gente dice que son maravillosos, pues se pierde la exclusividad y el *stunt* de la escasez. Y probablemente al hípster creativo que compraba el *smartphone* no se le hace atractivo tener el mismo teléfono que todos, por eso hay que decirle que es diferente y único por comprarlo, pues la mayoría de la gente que no sabe compra el otro por borregos.

Por eso, regresa al ejemplo del teléfono y verás que usé las dos formas. Dije que era el *smartphone* que más se vende, con más reseñas en Amazon y que todo el mundo lo está volteando a ver. Pero también dije que en México solo los verdaderos conocedores lo compran.

Por lo tanto, en el caso de la maestría sería bueno para Claudio decir que todos están estudiando e implementando la automatización, como también a tu pareja es conveniente mencionarle que la película es la más taquillera del momento. Pero como ya vimos, en el caso del masaje no funcionaría y en el de los papás, si bien puede funcionar, tal vez sería más poderoso un *underdog* del tipo: "La mayoría de los papás no confía en sus hijas y a mis amigas no las están dejando ir y hasta pleito están teniendo con sus papás", de esta forma haría sentir a sus padres que ellos son diferentes y hasta en el proceso estaría envenenando el pozo ante una negativa.

Por eso podría cerrar diciéndote que la mayoría de las personas con salud financiera tienen un seguro y que el más común es un seguro como el que yo te estoy ofreciendo. Como también podría decirte que eres una persona diferente, pues si fueras como el resto, agarrarías un seguro de cajón sin mucha ciencia y sin saber lo que estás firmando, pero que mi seguro es como tú, diferente.

Prefiero cerrar diciéndote algo que te hubiera encantado en tu niñez y que si tienes hijos ojalá nunca lo sepan. ¿Qué es lo que tendrías que haber contestado cada vez que te dijeron "Y si tus amigos se tiran de un puente tú también lo harías"? La respuesta es: "¡Sí, definitivamente me aventaría, soy un buen amigo y con ellos hasta el fin! Y no me pongas a prueba, no vaya a ser que se me antoje aventarme de ese puente si es que no me dejas hacer lo que todos mis amigos harán".

¡Una joya de lógica sofista! Pues juega con la culpa que vimos en el poker de chantaje y con el *Argumentum ad Metum* que veremos más adelante, y también desplaza la charla del conjunto de un permiso a un conjunto mayor: el de la lealtad. Pero creo que ya me emocioné y adelanté, pues estoy hablando de cosas que aún no hemos visto en las que estamos a punto de entrar.

Veremos uno de los temas más poderosos de este libro (y no es *glittering generality*), que es el tema de la lógica informal, el de la lógica sofista y no la de los filósofos clásicos, que es la que probablemente te enseñaron en la escuela. Veremos la lógica que verdaderamente sirve al momento de argumentar y que Platón tiró a la basura y por eso ya no se enseña. Saquémosla de la basura y veamos que el único desperdicio es no utilizarla todos los días de nuestra vida.

Pero estimados hijos e hijas de Córax (ya caaasi lo vemos), antes de ver cómo argumentar con las técnicas sofistas veamos dos cosas. Lo primero es dejar nuestros ejercicios de Propaganda Verbal y lo segundo es aprender a argumentar desde el terreno que más nos conviene a través de la teoría de conjuntos.

¡SALTE CON LA TUYA!
Propaganda verbal

Siete técnicas de propaganda verbal son las que tendrás que utilizar, y como todas las herramientas de este libro, puedes combinarlas para que sean más poderosas, pues las técnicas no son excluyentes, sino perfectamente complementarias.

Si te regresaras en la lectura y unieras todas las frases sobre el *smartphone* con las que inicié los siete mecanismos, o las de la venta del seguro con las que los cerré, te darías cuenta que quedan unos párrafos extremadamente convincentes. Es más, te los dejo aquí unidos para que los analices:

Smartphone

"Este *smartphone* es una maravilla y es lo mejor de lo mejor que hay en el mercado. Está hecho con tecnología de punta y va a revolucionar tu experiencia con un teléfono. Está hecho en Alemania, no como los otros que están hechos en China. Vaya, en pocas palabras, es el Mercedes Benz de los teléfonos. Y olvídate, estos *smartphones* no son ni las baratijas esas que parecen que te regalan en los chicles, ni los robos a mano armada que lo único que tienen es buena mercadotecnia, y aún no te he dicho lo mejor: tiene la mejor batería del mercado, pues le dura 80% más que a otros. Además, cuenta con una garantía de por vida que incluso si se te cae y se rompe la pantalla, te la cambian sin costo. El único problema es que normalmente hay lista de espera para comprarlo, pero déjame revisar si todavía puedo venderte uno, pues creo que alguien no vino por el suyo y tenemos uno en almacén. Mientras, déjame contarte que cuando hicimos la presentación en México, se lo dimos a prueba a una influencer y estaba muy reacia a usarlo y decía que no se iba a acomodar. Bueno, a los dos días estaba feliz e hizo un pedido para todo su equipo de trabajo. Además, la revista *Wired* acaba de sacar un artículo sobre los mejores *smartphones* y tienes que leerlo, le dan la puntuación más alta. Y veo que tienes hijos pequeños. Yo también y es una maravilla, pues si te dan esa garantía, es porque es muy resistente a golpes y maltratos. No es broma, mi hija de cinco años lo ha tirado unas quince veces y la verdad ya ni me preocupo. No por algo este *smartphone* es el que más se vende, y si te fijas en Amazon, es el que más reseñas positivas tiene. Y es que hoy la mayoría de la gente prefiere tener mayor durabilidad de batería y que no se les rompa, por eso es que se agota tan rápido y todo el mundo lo está volteando a ver, pero aquí en México te das cuenta que solo los verdaderos conocedores son los que lo están agotando".

Seguro:

"Te tengo un seguro de vida que es inigualable, pues vela por tus intereses y el bienestar de tu familia. Funciona también como un plan de ahorros y se convierte en la mejor casa de bolsa que te podría atender. Y es que en temas de seguros hay muchas estafas y agentes oportunistas, por lo que la gente que sabe y toma una decisión pensada elige este plan que te estoy ofreciendo. Y voy a hacer algo que no debería y a ver si no me regañan, pero esta semana cerré un paquete de seguros muy grande para una empresa, con beneficios extras y un trato especial por volumen, y creo que podría meterte como parte del grupo. Pero, por favor, no le digas a nadie, pues sería algo solo para ti. Lo que sí es que me tendrías que definir hoy, pues tu nombre tiene que entrar en el paquete a más tardar mañana. Y sinceramente, es nuestro seguro top y por tu perfil de edad e ingresos seguramente no podrías aplicar para él, pero con esta empresa hicimos una excepción de perfiles y podría colarte. Para terminar, déjame decirte que Warren Buffet dijo que alguien que quiere crear patrimonio lo primero que tiene que tener es un seguro, y nuestra póliza cumple esta máxima en doble partida, pues no solo te asegura, sino que al funcionar como caja de ahorro te ayuda a construir patrimonio. Todas las instituciones de inversión importantes también dicen que este tipo de pólizas son las mejores. De hecho, Cristiano Ronaldo en su momento aseguró sus piernas con un producto como este, que si no lo usaba, se le regresaba su dinero como inversión. Y no por algo dicen que más vale prevenir que lamentar, por eso la mayoría de las personas con salud financiera tienen un seguro como el que te estoy ofreciendo. Finalmente, como veo que eres una persona a la que le gusta convencer a los demás, te invito después de firmar tu póliza a que te sumes también a mi equipo de ventas y así asegures tu éxito".

Ahora te toca a ti, escribe tu propio párrafo extremadamente vendedor centrado en lo que intencionaste al iniciar el libro. ¿Cómo vas a utilizar los *seven common propaganda devices* para lograr tu objetivo? No forzosamente deben quedar en el orden que los vimos, pero aquí te los recuerdo: *Glittering generalities*, *Transfer*, *Name calling*, *Card Stacking*, *Testimonial*, *Plain folks* y *Bandwagon*. ¡A vender!

___

___

CAPÍTULO 9
JUEGOS DE CONJUNTO

Imagínate un tema polémico que sea causante de muchos debates y discusiones debido a los puntos de vista encontrados entre las partes. Se me vienen a la cabeza el aborto, la legalización de las drogas o si el toreo debe prohibirse o no. Ve cómo dentro de estos temas tienes una postura claramente definida que te hace estar a favor o en contra del aborto, la legalización de las drogas o la fiesta brava. Y te sientes en total convicción sobre tu postura y la consideras verdad, cuando en realidad simplemente crees tener una postura definida y esas convicciones son bastante maleables, pues todo es relativo al terreno a donde lleves la discusión.

Una de las formas más efectivas de cambiar el rumbo de una argumentación a tu favor es utilizando los juegos de conjunto, o dicho de manera correcta, a través de la teoría de conjuntos. Y digo de manera correcta, ya que si tú buscas en Google "juegos de conjunto" te aparecerán resultados sobre deportes en equipo y no encontrarás nada sobre lo que estamos hablando aquí. Sin embargo, si buscas Teoría de conjuntos te saldrá la explicación sobre una rama de las matemáticas y la lógica que se dedica a estudiar las características de los conjuntos y las operaciones que pueden efectuarse entre ellos. Por lo tanto, la teoría de conjuntos se encarga de analizar las particularidades y atributos que poseen los conjuntos, así como las relaciones que pueden establecerse entre ellos. O lo que es lo mismo, la unión, intersección, complemento o separación entre un conjunto y otro. Y si esa es la teoría, los juegos de conjunto serán los trucos argumentales que moverán el tema de la discusión de un conjunto a otro con el objetivo de hacer cualquier argumento más creíble o menos creíble y llevar el debate al terreno que más nos conviene.

Desde temprana edad has visto el clásico diagrama de Venn en donde te hacen muy visual esta teoría. Por ejemplo, aquí te dejo uno muy simplista y sencillo centrado en el conjunto Animales y su relación con los conjuntos Comida, Mascotas y Cultura.

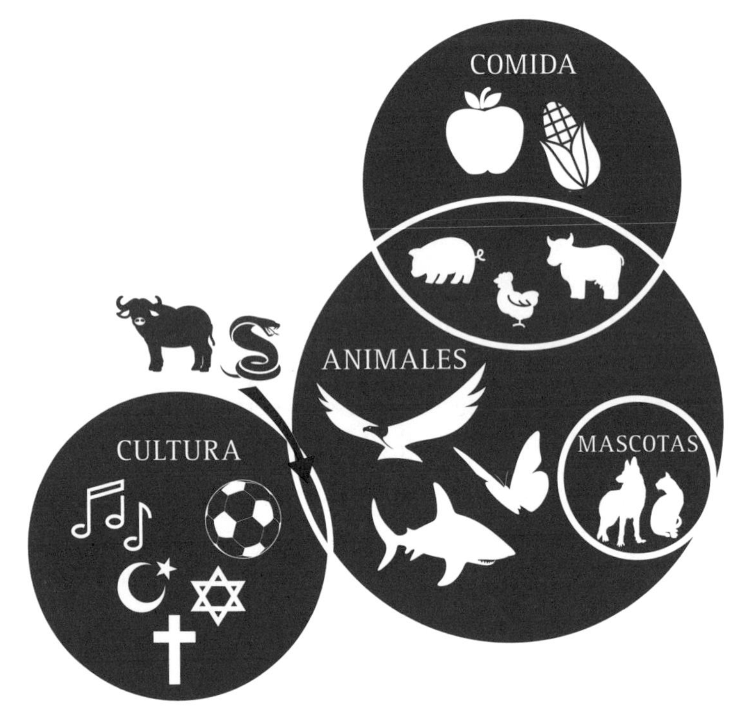

En este diagrama podemos ver que el conjunto mascotas se encuentra totalmente inmerso en el conjunto animales, que el conjunto comida comparte una buena parte con el conjunto animales, y que los conjuntos cultura y animales se tocan, pero no comparten mucho. A su vez, se te hizo obvio que en la unión del conjunto Animales con los de Comida y Mascotas encontraras a los más típicos, como tal vez no entendiste por qué la serpiente se encuentra en la unión con el conjunto Cultura, y es porque la serpiente ha sido deidad adorada en culturas como las prehispánicas, como también la encarnación del diablo en las judeocristianas.

Pero te dije que este diagrama era extremadamente simplista, porque seguro ya estás pensando algunas cosas, como que la vaca es sagrada en el hinduismo y para ellos tendría que solo compartir con el conjunto Cultura y no con el de Comida, como lo mismo el cerdo en el judaísmo, aunque no por adoración. Como también hay gente que tiene cerditos de mascotas o come quesadillas de cazón, que es un tiburón pequeño. Con las águilas se practica la cetrería, por lo que para unos es una especie de cultura y mascota, y la mariposa monarca en México es parte de su patrimonio turístico y cultural.

Y eso por mencionar a las especies que puse en el diagrama, porque ¿dónde pondrías a los caballos? ¿Abrirías un nuevo conjunto que se llame transporte donde también meterías a los camellos? ¿Y ese conjunto se juntaría con el de mascotas? Pero el caballo también se mezclaría con el de cultura por el deporte de la equitación o las apuestas de caballos. Inclusive, aunque no te guste, debe estar en el de comida, pues en varios países es normal producir y consumir su carne, y a su vez lo que comemos también tiene algo de cultura. En México, comer insectos es parte de nuestra cultura gastronómica al grado que se me acaban de antojar unos escamoles y un guacamole con chapulines. Ahora, ponte a discutir con alguien de las regiones en China donde comen perro, murciélago y pangolín. ¡Ellos están convencidos de que es algo normal y natural! Por lo que en realidad estos cuatro conjuntos lucirían más bien así:

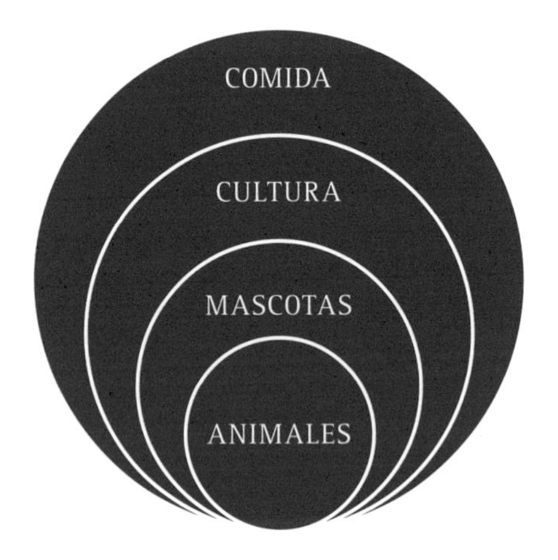

¡Esto quiere decir que TODOS los animales entran en la categoría de Mascotas, Cultura y Comida! Que te guste o no es otra cosa, pues puede ir o no en relación a tus creencias y convicciones, o hasta a lo que es recomendable, saludable o el sentido común indica. Pero de que se puede, se puede. ¿En qué cabeza cabe tener como mascota a un león o a una serpiente mortífera? ¡Pues en muchas al parecer! Por lo que yo estoy en mi derecho de tener como mascota a un cordero, sacrificarlo para aplacar la ira de mis dioses, o comerme sus costillitas con salsa de menta si es lo que me place.

Pero algo que es fundamental de este ejemplo es que te des cuenta del tamaño de los conjuntos. Comida es más grande que cultura, y cultura más grande que mascota, y mascota más grande que animales. Y en la teoría de conjuntos de lógica informal, el conjunto más grande tiene las de ganar al momento de argumentar.

A mí de momento no se me antoja comerme una lagartija, pero créeme que no dudaré en hacerlo si estoy a punto de morirme de hambre en una isla desierta. Y es que comer es una necesidad primaria, por lo que el hinduista y el judío tampoco dudarán en comer vaca o cerdo por más ortodoxos que sean si la necesidad lo amerita (y por eso muchísimos no ortodoxos lo hacen aunque no haya necesidad, pues el placer de esas comidas le gana a su cultura). Y probablemente, si los sobrevivientes de los Andes hubieran viajado con sus mascotas, la historia hubiera sido otra en sus prioridades alimenticias para sobrevivir.

Entonces, un vegetariano necesita comer, pero lo importante es saber por qué tomó la decisión de no consumir nada animal, ya que si argumenta que lo hace por salud, en ese momento se está abriendo un conjunto más grande que el conjunto Comida, pues el conjunto Comida pertenece al conjunto Salud y la salud es primero. Pero si dice que lo hace por el respeto a los derechos de los animales, se queda nada más en el conjunto Animales, incluso abre un conjunto más pequeño dentro del mismo, el conjunto de sus derechos. Por eso será más probable que un vegetariano convenza a un carnívoro de dejar de comer carne con el argumento de la salud que con el argumento de los derechos de las reses. Si lo quiere convencer sobre el respeto a los derechos de las vacas, el carnívoro antepondrá su derecho al acto cultural de convivir en una carnita asada y al alimenticio de comerse un buen *ribeye*.

Por lo tanto, hay que colocarnos en el terreno que nos conviene debatir, pues en ese momento el debate se convierte en una negociación donde sí es posible convencer, pues estamos del mismo lado o al menos nuestros conjuntos se comparten. Por eso bauticé el capítulo como Juegos de conjunto: es como un deporte donde somos parte del mismo equipo o mínimo jugamos en la misma cancha. Aunque verás que también hay momentos donde deseamos separar al equipo, partir la cancha, y hasta cambiar de deporte a medio juego haciendo que los conjuntos no tengan nada que ver. El chiste es pararnos en el mejor terreno de juego para salirnos con la nuestra. Por lo tanto, veamos las técnicas más comunes de juegos de conjunto y nivelemos la cancha a nuestro favor.

Usaremos los ejemplos que han sido recurrentes en la lectura, pero incluiré los polémicos que mencioné al iniciar como el aborto, la legalización de alguna droga o la fiesta brava. Incluso meteré algunos más fuertes y desagradables, como el racismo o el terrorismo, para que te sensibilices de cómo los grupos extremistas y radicales reclutan, defienden y convencen de sus causas. Y hasta descubriremos por qué es tan letal la respuesta que propusimos para el cuestionamiento materno de tirarnos por un puente con nuestros amigos. Lo importante es que tú sepas que a partir de este momento siempre deberás tener presente el conjunto al que tu argumento pertenece, y si te conviene, qué bien, pero si no, ¡a jugar con él!

Aviso: los ejemplos podrán ser polémicos pero son solo eso, ejemplos con fines explicativos. Si en los ejemplos se defiende o se ataca algún punto, insisto es con fines ilustrativos y porque así se tendrían que abordar las situaciones en caso de estar a favor o en contra de ellas; las ideas aquí expuestas, obvio, no expresan forzosamente mi pensar y sentir. Y este tipo de avisos es lo que tienes que hacer dentro de una sociedad actual en la que todo ofende para dejar en claro en qué conjunto dices tu opinión, por lo tanto, estamos hablando desde el conjunto que se llama EJEMPLOS y que vive dentro del conjunto mayor del Academicismo.

1) Modificando el tamaño del conjunto

Esta estrategia consiste en llevar la discusión a un plano más grande o chico para que parezca que las consecuencias son más o menos trascendentales, según convenga. Originalmente, tu argumento o el de tu contraparte viven en un conjunto, pero sabes que si desplazas el tuyo a uno mayor o el de la otra persona a uno menor, o ambos, tienes más posibilidades de ganar.

En la fiesta brava, el argumento a defender o atacar es el acto de matar a un toro y debería discutirse desde el conjunto "Vida y derecho de un animal". La mayoría de los que apoyan la fiesta brava lo llevan al conjunto de "Arte y cultura", pues saben que ese conjunto tiene más peso que los derechos de los animales. Por eso, los que están en contra lo llevan a un conjunto aún mayor llamado "Vida", y solicitan respeto a la vida en general. El conjunto Vida es enorme, piensa cuántas cosas entran en él, por lo que es muy difícil tirarlo porque comparan al toro con cualquier otro ser viviente, incluidos obviamente los humanos. No por algo la batalla la van ganando los que están en contra y se ha legislado su prohibición en muchos países. ¿Qué tienen que hacer los del toreo? ¡Pues argumentar también desde el conjunto vida! Y decir que en el conjunto Vida también vive el conjunto "Empleo" y el conjunto "Calidad de vida", y que si se prohíben, atentan contra el empleo y la calidad de vida de las personas que trabajan en esa industria. Entonces, qué es más importante, ¿la vida del toro o la vida de esas familias? También pueden decir que en el conjunto "Vida" está el de "Comer y vestir", y que la carne del toro sacrificado alimenta a la gente y su piel la viste. Y la más fuerte de todas, ¡que la Fiesta Brava es la causa de que el toro de lidia viva! Ya que si se prohíbe el ganadero lo deja de criar, y si no fuera por esta tradición, esta especie ya se hubiera extinguido hace siglos, pues no tiene otra función y reproducirse en estado salvaje es muy complejo. Por lo tanto, ya se está discutiendo en el punto más alto del conjunto Vida, y ahí la balanza se empieza a emparejar pues, si prohíbes el toreo, el toro de lidia verdaderamente moriría.

En el tema del aborto, si la posición a favor sitúa sus argumentos en el conjunto "Derechos de la mujer", la posición en contra se sitúa en el de "Derecho a la vida", y si se posicionan en el de "Libertad de decidir sobre su cuerpo", la oposición dirá que tienen razón, pero que al feto no le están dando esa opción de decidir, por lo que lo elevan ahora al conjunto "Defender a los que no pueden decidir".

Si Claudio argumenta en el conjunto "Maestría" no es poderoso, si lo eleva al conjunto "Desarrollo personal" es más poderoso, pero ese conjunto solo le interesa a él. Si lo escala al conjunto "Desarrollo y ganancias para el negocio", en ese terreno ya le interesa a Roberta que estudie. Si te das cuenta, se parece a la estrategia de vacas sagradas, pues esa estrategia a su vez entra en este juego de conjuntos.

Legalizar la marihuana puede ser parte del conjunto "Guerra contra el narcotráfico" o del conjunto "Medicina y salud", por lo que no es lo mismo hablar del tema en México que en Estados Unidos, donde en un lugar es más grande un conjunto que el otro.

El racista no habla desde el conjunto "Raza", sino desde los conjuntos "Orgullo" o "Defender los empleos de los migrantes", y el grupo terrorista no recluta gente desde el conjunto "Mátate por mí", sino desde el de "Defender la Fe".

Y creo que me estoy viendo demasiado radical, pero esto lo hacemos en nuestras conversaciones del día a día o lo vemos diario en las noticias. Cuando un político habla sobre arreglar una calle para mejorar la vialidad, puede decir algo como: "No se trata solo sobre esta calle, sino sobre el bienestar de toda la ciudadanía". Así, eleva el conjunto de una calle en específico al conjunto del bienestar de la ciudadanía, que es mucho más amplio e importante. O como cuando una pareja discute por una tontería como no cerrar la pasta de dientes, y sin darse cuenta la discusión pasa del conjunto "Pasta de dientes" al conjunto "Cosas malas que heredaste de tu mamá y que haces a propósito para molestarme".

Por lo tanto, "¿si tus amigos se tiran de un puente tú también lo harás?" vive en los conjuntos "Analogía y Lenguaje figurado" e "Individualidad: tú no eres tus amigos". Pero la respuesta "¡Sí! Definitivamente me aventaría, soy un buen amigo y con ellos hasta el fin" vive en los conjuntos "Realidad y Lenguaje literal" y "Lealtad", por lo que tirarlo es muy complicado.

2) Desplazando a otro conjunto

Si bien en la estrategia pasada al modificar el tamaño del conjunto también lo estamos desplazando a otro, en los ejemplos que mencionamos siempre hay intersección entre los conjuntos y se tocan entre sí, o incluso está inmerso uno en el otro. Quiere decir que el conjunto "Racismo" sí se toca con el conjunto "Orgullo", o el conjunto "Fiesta Brava" vive dentro de los conjuntos "Arte" y "Matar animales". En el caso de esta estrategia, consiste en llevar el argumento a un conjunto vacío, que es cuando dos conjuntos no tienen nada en común como se ve aquí:

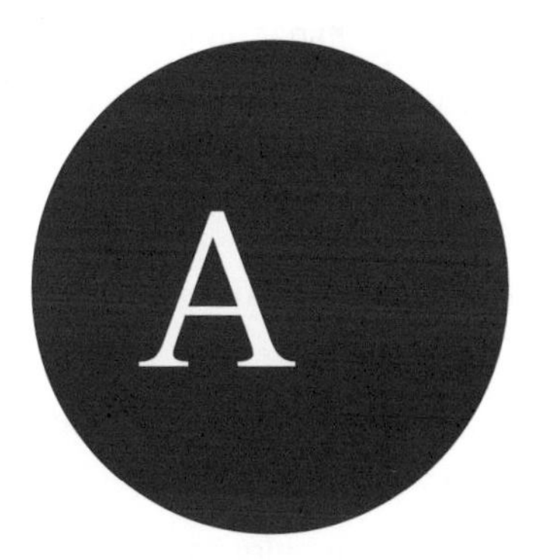

Aquí se intenta cambiar de conjunto por completo, abriendo un conjunto nuevo que no estaba en discusión. Durante la pandemia del Covid-19, en discusiones sobre el uso de cubrebocas obligatorio, las polémicas debieron ser sobre si servían o no, sobre las formas correctas de usarlo, sobre los modelos más recomendables, y sobre si su uso en espacios abiertos era necesario. Y todas estas cuestiones viven dentro del conjunto "Salud" o "Acabar con la pandemia". Pero muchísima gente decidió abrir otro conjunto y llevar ahí el tema de los cubrebocas. El conjunto de las "Libertades individuales" y de lo que te pueden obligar a hacer o no. Así, tenemos dos conjuntos cuya diferencia no está en la escala, sino en su naturaleza misma. Pues si fuera un tema de escala, la salud mundial gana, pero al ser conjuntos vacíos, ya estamos hablando de cosas diferentes.

Como la niña del permiso a Acapulco, que desde un inicio ha desplazado su argumento a otros conjuntos, pues no están hablando en los terrenos del "Viaje a Acapulco", sino en los de "Confianza y responsabilidad", que si bien nuestro cerebro cree que algo tienen que ver, en realidad son conjunto vació. Como también el de la película, que en ocasiones no hemos hablado desde el conjunto "Cine", sino desde los conjuntos "Salud mental" y "Amor".

Aprovecho para decirte que también en esta técnica, y en todas las de juegos de conjunto, tenemos que saber cómo desinflar o eliminar los conjuntos que nos presentan. Si tú eres Roberta en el ejemplo de la técnica anterior, o el papá de la niña o tu pareja en este caso, tienes que ponchar el globo y decir que no se confundan, que están hablando de una maestría, de ir a Acapulco o de *Rápidos y Furiosos 23: la Familia Vs los Transformers*, y que el éxito del negocio, la confianza o el amor, no están en juego.

Si estás hablando de legalizar la marihuana hablando desde el conjunto "Guerra contra el narco", pero alguien te dice que al hacerlo la estarías acercando a los jóvenes, esa persona estaría usando la estrategia anterior escalándola a los conjuntos "Salud pública" y "Adicciones", que ambos tienen relación con la marihuana, por lo que tendrías que recurrir a abrir un conjunto totalmente nuevo y vacío con tu discusión de "Guerra contra el narco". Tendrías que decir algo como: "Ese es otro tema, pues prevenir que los jóvenes se acerquen a las drogas es un asunto de educación, y espero que tú como padre puedas hablar con tus hijos y darles el ejemplo que drogarse es malo", abriendo así un nuevo conjunto que se llama "Educación y control de los hijos", que no pelea con tu argumento de legalizar la marihuana.

El otro día en una discusión sobre si las personas trans podían competir en la categoría deportiva de su identidad de género, escuché a una persona decir que es como si una persona adulta se identificara con un niño menor de dos años y le dieran permiso de asistir a la guardería o no pagar boleto al viajar en avión. ¡Y no tiene nada que ver! Estaban hablando de deportes e identidad de género, no de una imposible supuesta identidad de edad y el acceso a algunos servicios.

Y así, seguramente alguien puede decir que si abortas te vas al infierno (el conjunto "Religión" para los creyentes es muy poderoso, pues casi siempre es conjunto vacío, pero en su mente Dios es el conjunto más grande que hay y al que pertenece todo), o el racista inventarse un nuevo conjunto que se llame "Verdadero racismo" y así defender su causa. Te lo explico un poco más: en el conjunto Racismo dijimos que vivía el orgullo, pero no hace falta que te diga que también vive el odio, la intolerancia, la xenofobia y todos sus representantes como Hitler y el Ku Klux Klan. Si un racista abre la categoría de "Verdadero racismo", en donde no viven los atributos negativos pero sí el orgullo, la superación, el nacionalismo y la defensa del patrimonio cultural, puede sonar muy convincente para reclutar adeptos, y una vez convencidos de su causa, llevarlos poco a poco a terreno del verdadero y único racismo que existe.

Y con el ejemplo de: "Y si tus amigos se tiran de un puente tú también lo harías", al terminar la respuesta con un: "Y no me pongas a prueba, no vaya a ser que se me antoje aventarme si es que no me dejas hacer lo que todos mis amigos harán", se está abriendo el terrible conjunto de "Suicidio", por lo que es mejor ni acercarse a él y regresar a la discusión del permiso.

3) Generalización del conjunto

Todos, siempre, nunca, ninguno y demás palabras totalitarias entran en este juego de conjunto. La generalización simplifica la aceptación o rechazo de algo comparándolo con varios casos similares, intentando englobar en una sola categoría las cosas y así gozando o sufriendo de los atributos positivos o negativos del conjunto.

"Amiga, no te cases, todos los hombres son infieles", es una generalización que intenta meter a todos los hombres en el conjunto de "Infieles". Por eso, para tirar esta estrategia, lo único que hay que hacer es encontrar un ejemplo que sea la excepción a la supuesta regla. Por lo que si los papás de la persona que dijo eso están casados y admira mucho a su papá, con que se le responda: "¿Tu papá también?", verás cómo en automático ya no todos los hombres son infieles. Una verdadera generalización de lógica formal es imposible tirarla, como: "Todos los perros son animales mamíferos", "siempre el tiempo corre hacia adelante", "ninguna persona es inmortal" o "todos los políticos son corruptos". Esta última es broma, pero cómo desprestigia, pues es una generalización de lógica informal.

Y esta estrategia es la más clásica en las discusiones: "Es que nunca me llevas a ningún lado", "siempre haces cosas para molestarme", "todos tus amigos son unos borrachos" o "ninguna de las series que has escogido han sido buenas" son pequeños ejemplos. Y por supuesto, los racistas siempre dicen cosas como que todos los (inserta raza) son delincuentes, o que todos los (inserta religión) son peligrosos o abusivos.

Uno de los temas más complejos en los terrenos de la identidad de género es qué es ser mujer, o qué hace a una mujer serlo. Respóndete en tu mente de acuerdo a tus convicciones pues, como digo, es un tema complejo y no vamos a llegar a ningún lado. Pero ahora piensa que el conjunto "Mujer Trans" vive dentro del conjunto "Mujer", por eso la discusión es tan complicada, pues el simple hecho de generalizar mediante la afirmación "¡Soy mujer!" ha hecho que al día de hoy hombres que nunca se habían definido como tal estén presos en cárceles de mujeres a pesar de haber sido detenidos por violadores (si no me crees, busca el caso de Stephen Wood, quien una vez logrado su objetivo de ser recluido en una prisión femenina violó a otras cuatro mujeres dentro de la cárcel), o pidan días de incapacidad al mes por cólicos menstruales, pues si no se violarían sus derechos como mujer (lo que ya obligó a los gobiernos que propusieron ese derecho laboral a redefinir sus leyes y abrir la categoría "Personas menstruantes", que antes era un conjunto exclusivo de las mujeres, pero ya no). Complejo, como les digo, pero yo no inventé las reglas de los juegos de conjunto.

Pero sigamos, porque TODAS estas estrategias son fascinantes.

4) Nueva conclusión planteada como intención-consecuencia

Esta técnica me encanta pues es muy conciliadora y tremendamente efectiva para tirar los argumentos de tu contraparte. Básicamente, es la técnica de desplazar a otro conjunto, pero haciéndole sentir a la otra persona que estás de acuerdo con lo que dicen, que entiendes su conjunto y que estarías de acuerdo a vivir en él, sin embargo, hay consecuencias que inevitablemente llevarían su argumento a otro conjunto, y ese conjunto es desfavorable y hasta desastroso. También es una técnica muy buena para negarnos y no quedar mal, por lo que podríamos meterla en el capítulo de asertividad que veremos.

"Amor, sé que tuviste un mal día y que quieres sacar el estrés viendo esa película de acción y te entiendo, sin embargo, esas películas son muy ruidosas y con muchos flashazos por lo que te estresarás más, mejor quédate en casa y descansa". Esta sería la mejor respuesta si a ti te aplicaron la de llevar la película del conjunto "Cine" al de "Salud mental". Porque la intención es buena, hacer algo por tu salud mental, pero la consecuencia es terrible, perjudicar más tu salud mental. Con esta técnica llevaste la película de una manera muy elegante al conjunto "Mala salud mental".

"Entiendo perfecto que legalizando todas las drogas va a haber menos muertes a causa del crimen organizado, y estoy totalmente de acuerdo contigo, sin embargo, a la larga terminaríamos con más muertes por causa de adicciones y con un gran problema de salud pública". Y así me podría seguir con muchos ejemplos donde se replantean las consecuencias de un argumento para que funcione a nuestro favor. Como que el papá diga que está de acuerdo con su hija con el tema de la confianza, pero al no tener buenas calificaciones, le estaría dando un terrible ejemplo de que la indisciplina no tiene consecuencias. O que Roberta le diga a Claudio que su maestría está padrísima, que lo apoya, y que sin duda sabe que le traería cosas muy buenas a la compañía a futuro, sin embargo, el gasto le haría un gran hueco al flujo de efectivo de la empresa y no podrían sostener las operaciones a corto plazo.

Cierro con un ejemplo radical: "Entiendo que no quieras dejar a tus padres para venirte con nosotros al campamento y defender la causa, la familia es muy importante y debemos honrarla. Sin embargo, al no hacerlo los infieles acabarán con nuestros valores y nuestro pueblo, y al no haber hecho nada para evitarlo, deshonrarías más a tus padres que si los abandonaras". Esta técnica de reclutamiento terrorista es aún más poderosa, pues no solamente usa la intención-consecuencia, sino que además la mezcla con nuestra siguiente técnica: la paradoja.

5) Paradoja de conjuntos

Para que sea X tienes que hacer no X, o para que sea no X tienes que hacer X. Esa es una paradoja. Para no deshonrar a tus padres tienes que deshonrar a tus padres, es la paradoja del ejemplo anterior. Y la magia es que le das la vuelta al conjunto y lo conviertes en el opuesto sin alterarlo. El conjunto "Deshonrar" se convierte en el conjunto "Honrar", pero sin cambiarle el nombre, por eso te digo que es mágico.

Esta técnica es más sofisticada y difícil de hacer que las demás, pues consiste en utilizar la objeción a manera de paradoja para justificar tu argumento. Imagínate que mi tía que no quería que celebrara a Santa Claus me dijera que tarde o temprano mis hijos sabrán que todo era mentira y se desilusionarán, y que eso no les pasará con el Niñito Jesús. A lo que yo le podría responder: "Lo sé, tía, y tienes razón, pero de momento mi corazón me dicta que debo desilusionarlos para darles una ilusión". What???

O las personas discutiendo sobre el tema de la legalización de las drogas, el detractor dice: "Sería sumamente irresponsable aprobar una propuesta de este tipo". Por lo que el que está a favor debe responder: "Sí, pero para como está la violencia en el país, es una necesidad hacerlo ya. Tal vez como dices es un acto irresponsable, pero estamos en el punto que para ser responsables tenemos que ser irresponsables". Con esto, haces que el conjunto de "Irresponsable" se convierta aparentemente en "Responsable".

Y así, el propósito de vivir del toro de lidia es morir, o la película es tan mala que se convierte en buena. Y ya no te pongo más ejemplos para no confundirte pues las paradojas son bastante rebuscadas, por eso mientras menos te explique, me explico más.

6) Reducción a un conjunto absurdo

Este método consiste en encontrar una analogía similar a lo que se está diciendo, pero que viva en otro conjunto, y al compararlo o regresar al conjunto original suena tan absurdo, que el argumento de la contraparte se hace menos creíble e indefendible.

De hecho, en el ejemplo donde escuché a alguien decir que la participación de mujeres trans en deportes es como si una persona adulta fuera a la guardería o volara gratis en avión porque se identifica como bebé, la fuerza no está tanto en el desplazamiento de conjunto, sino en la reducción a lo absurdo.

El que está en contra de la equidad laboral y la paridad de oportunidades dice absurdos como: "Y no es discriminación, simplemente que para ser coherentes con esta propuesta de equidad tendríamos que darles la misma oportunidad a todas las personas para acceder a todos los trabajos. Y así fomentar que los ciegos se conviertan en cirujanos y los sordos trabajen en call centers". Ese sarcasmo lo enmarca como algo absurdo y alguna persona incauta pueda creérselo.

"Si legalizamos la marihuana quiere decir que ya es como el alcohol, entonces, así como te echas una cervecita con tus hijos mayores de edad, ahora en la sobremesa en casa de la abuela te pueden decir: *Papá, ¿nos damos un churrito o qué?* Y esto suena absurdo, a menos que sean un papá y una abuelita muy pachecos y liberales, por lo que también hay que saber qué es absurdo en el mundo de cada quien.

Y conocer a tu contraparte es fundamental en todas las técnicas que vimos, por eso, a partir de este momento debes de adueñarte del terreno de juego, y antes de debatir, debes conocer las fortalezas y debilidades de tu tema. Debes identificar tus argumentos a favor y en contra, y lo más importante de todo, ponerte en la posición del otro, siempre pensando qué harías tú si estuvieras en su lugar. Jugándole al abogado del diablo podrás prever y prevenir todos los escenarios posibles en donde sucederá tu proceso de persuasión, seducción y negociación, y así saber en qué conjunto moverte.

Acabo de utilizar nuevamente la palabra debatir y no me gusta. La usé al inicio del capítulo y desde que la mencioné, te quería decir que no estoy de acuerdo con esa palabra. Un debate se da cuando hay dos partes antagónicas que defienden diferentes puntos de vista, y en dónde el objetivo no es convencer al otro, sino a un tercero que declara al ganador. En un debate el objetivo no es mediar, sino mostrar tus pruebas, defender tus objeciones y recalcar las objeciones del otro. Y al menos que estés inscrito en un club de debate con sus reglas estrictas basadas en lógica formal, en la vida no debatimos, sino que persuadimos, seducimos y negociamos.

Y si estás en campañas políticas y piensas que tú o tus clientes sí debaten, quiero que sepas que no es cierto. A lo que le llamamos "debate" político, es simplemente un derroche de estrategias patéticas de PSN para convencer al electorado. No se habla de los pros y contras de sus propuestas de campaña de manera objetiva, sino que sacan todo el arsenal de lo aprendido en este libro y lo llevan al límite del pathos.

Pero como mi editorial me pidió incluir un capítulo en este libro sobre cómo debatir, aquí te va el capítulo más breve de la historia.

CAPÍTULO 10

CÓMO GANAR DEBATES

Muy fácil: no debatas, ¡negocia!

¡SALTE CON LA TUYA!
Juegos de conjunto

Para este ejercicio, antes de ponerte a escribir en qué terreno estás y cómo vas a utilizar los juegos de conjunto a tu favor, primero quiero que te acostumbres a identificar los conjuntos que entran en juego en una charla o discusión. Para hacerlo, escucha activamente a las personas con las que convives. Analiza a tus amistades, familiares y colegas, y ve cómo saltan de un conjunto a otro, o usan estas estrategias sin siquiera saberlo. Observa también los programas o podcasts de opinión deportiva, de espectáculos o de política, los comentaristas de esos espacios son especialistas en querer salirse con la suya y discuten siempre desde el conjunto que más les conviene. Identifica los momentos en los que los participantes hacen juegos de conjunto, qué estrategias utilizan, y si les funcionó o no para darle un giro a la discusión. Y si tú estuvieras argumentando en su contra, cómo le harías para llevarlo al conjunto de tu conveniencia.

Hacerlo consciente es el ejercicio más importante. Ahora sí: piensa en qué conjunto vive tu caso y qué juego de conjunto utilizarás. Lo más probable es que utilices el de modificar el tamaño del conjunto o el del desplazamiento a otro conjunto, pero intenta poner un ejemplo o supuesto de los otros como son el de generalización, intención-consecuencia, paradoja y reducción a lo absurdo. Y te lo recuerdo una vez más, lo mejor es practicar en el taller de la vida real.

CAPÍTULO 11

LÓGICA ABASURADA

Me puedo pasar horas viendo mi pintura favorita. Las tres veces que la he visto en persona mis acompañantes se desesperan y me dejan. Por eso tengo una reproducción en mi oficina y una miniatura en un imán en mi refrigerador. Se llama *La Escuela de Atenas* y es un enorme fresco de Rafael que está en el Vaticano. En él, aparecen los más relevantes filósofos y pensadores de la antigua Grecia, presididos por Platón y Aristóteles al centro argumentando entre ellos. Me gusta verla pues mi mente divaga por el ya conocido chismecito histórico que les conté. Me los imagino discutiendo por el futuro del pensamiento y sus escuelas, y debatiendo sobre los dilemas éticos del uso de la palabra. Luego, mi mente se va a los personajes que tanto admiro, como Pitágoras, Alejandro Magno o el cínico de Diógenes, e inevitablemente termino en Sócrates, que como siempre, se encuentra dialogando desde un punto no protagonista. Y en ese momento mi cerebro se transporta a otra obra. Se va al Metropolitan Museum of Art en Nueva York a *La muerte de Sócrates*, pintura de Jacques-Louis David.

En esa obra podemos apreciar la famosa escena de la que hablé al principio del libro, a Sócrates argumentando con sus discípulos antes de tomar la cicuta con la que estaba condenado a muerte. Es una de mis escenas favoritas de la historia de la lógica, pues parce que sus discípulos le ruegan que se defienda, que huya o que utilice lo que él tanto ha condenado para salvar su vida: la lógica sofista. O al menos eso me gusta imaginar. Y me imagino una película donde Sócrates se defiende y vive, Platón entiende la importancia de la lógica informal, no la desprestigia, y tantos siglos después en las escuelas nos enseñaran una lógica que sí sirva para algo útil. Y no como a mí, que me tocó estar sentado en las clases de la estricta Miss Tere atemorizado porque las falacias eran prácticamente el diablo.

Y sé que lo que acabo de decir para muchas personas será polémico. No lo de que las falacias son el diablo, sino de que la lógica que nos enseñan en el colegio no sirve para nada útil en la vida. Y si bien estoy de acuerdo que conocer sobre los procesos y estructuras mentales es interesante, y que para las matemáticas el pensamiento lógico es la ley, para tu día a día te pregunto: ¿De qué te han servido tus clases de lógica en la vida?

Y es que haciendo una deducción bastante "lógica": si estás leyendo un libro es porque probablemente tienes estudios de educación media (secundaria-preparatoria), y al ser la Lógica una materia obligatoria en estos planes de estudio, probablemente hayas tomado al menos una materia de lógica formal en tu vida. El silogismo es sencillo... y tal vez con esta palabra que acabo de utilizar, silogismo, o con la de hace un rato, falacia, ya te vas acordando un poco de tus clases de lógica... ¿o no? ¡Da igual! De todas formas te haré un muy breve resumen. Pero te acuerdes o no, me atrevo a decir que para la gran mayoría de nosotros fue aburridísima y con poco sentido de utilidad práctica. Por lo tanto, para quienes no la recuerdan, nunca la tomaron, o de plano la bloquearon, aquí les va un repaso exprés en el que me centraré únicamente en la lógica aplicada a la argumentación:

La lógica es el estudio de los argumentos. Un argumento es una secuencia de enunciados. Un enunciado sirve de conclusión, y los otros, que ofrecen evidencias, son llamados premisas. Veamos el ejemplo más clásico:

- Premisa 1: Todos los humanos son mortales.
- Premisa 2: Sócrates es humano.
- Conclusión: Por lo tanto, Sócrates es mortal.

Al proceso de razonamiento se le conoce como inferencia, y podemos analizar la veracidad o falsedad de las premisas, o la validez o invalidez de la inferencia. Si un argumento tiene premisas verdaderas y el proceso de inferencia es válido, la conclusión siempre será verdadera. A esto se le conoce como un argumento sensato, y cuando es insensato, se le conoce como falacia. Y no, Miss Tere, no son el diablo. ¡De hecho las falacias son una maravilla!

Y es que nuestro lenguaje es tendencioso y falaz por naturaleza. Por eso en la escuela nos tendrían que enseñar la lógica informal, que es el estudio de los argumentos a posteriori en oposición al estudio técnico y teórico de la aburrida lógica matemática. La lógica informal se dedica a diferenciar entre las varias formas en las que se desarrolla el lenguaje y el pensamiento cotidiano, en especial a cómo nuestro cerebro obtiene conclusiones a partir de la información dada, sin importar su forma lógica. Y como parte de que el pensamiento y el lenguaje humano son a menudo incorrectos o tendenciosos, la lógica informal se centra o en vacunarnos contra el lenguaje o en sacarle provecho. Es la lógica centrada en falacias, o como también se les dice a las mismas, en SOFISMAS... ¡La lógica informal es la lógica de los sofistas! Pues un sofisma es un argumento que formalmente es falso, pero es tan capcioso, ingenioso y tendencioso, que se hace pasar por verdadero y se convierte en realidad en la mente de los demás.

Y a mí me cambió la vida el día que aprendí esto y estoy seguro de que está a punto de cambiártela a ti. Yo me enteré de su existencia en un curso que tomé con mis hoy amigos Gabriel Guerrero y Omar Fuentes, ambos amantes del lenguaje, en donde me explicaron que las premisas pueden parecer verdaderas y la inferencia sonarnos lógica; y aunque son falacias y, por lo tanto, sumamente debatibles, nublan la razón de las personas por la sobre simplificación de los argumentos. La falla no está en la forma del argumento, sino en la irrelevancia, falsedad o debilidad de alguna de sus premisas. Pero que los argumentos al ser válidos en forma y parecer sensatos... ¡son sumamente persuasivos!

Y a diferencia de lo que pasó en mi caso con Miss Tere y en el tuyo con Miss Tedio, los sofismas obtuvieron toda mi atención, pues ahora me enfrentaba a una lógica que realmente me servía y, sobre todo, me retaba a salirme con la mía, pues la podía utilizar todos los días para convencer. Y en ese curso, Omar Fuentes me compartió un documento que contenía una larga lista de falacias con nombres que parecían hechizos de Harry Potter. Cuando profundicé en el estudio de las falacias, supe que era una gran recopilación, pues igualmente contenía las trece falacias o sofismas que Aristóteles identificó y clasificó en sus *Refutaciones sofísticas*, hasta muchas otras más modernas que se han agregado a la interminable lista de cientos de falacias que existen al día de hoy.

Y si bien te daré una selección de las que a mi parecer son las técnicas sofistas más aplicables y poderosas, antes quiero cederle la palabra a Omar Fuentes para que nos introduzca más en el tema, pero sobre todo para que nos cuente por qué decidió bautizar ese documento recopilatorio con el nombre que ahora le da título a este capítulo del libro: Lógica Abasurada.

Estimado Omar, el libro es tuyo:

Muchas gracias, Alvaro. Estimados hijos e hijas de Córax (¿en serio aún no les dice quién fue el tal Córax?):

Somos racionales y nos sentimos muy orgullosos por ello. Sin embargo, el hecho de saber razonar no garantiza que lo hagamos todo el tiempo bien. Es como tener aptitudes físicas para algún deporte, poseer esa habilidad no significa ganar el campeonato o que todo el tiempo lo practiques al máximo nivel.

Así pasa con el razonamiento. De fábrica traemos el equipo –biológico y psicológico– para razonar. Sin embargo, eso no garantiza que siempre hagamos buenos razonamientos. Pero... ¿por qué nos interesa esto en un libro de PSN? Seguramente ya lo anticipaste, pero hagámoslo explícito: si conoces los "moldes" que tus interlocutores emplean para razonar –bien o mal– puedes aprovechar sus procesos naturales para persuadirlos.

Y te vas a sorprender con la cantidad de alternativas disponibles que tenemos para ello, porque para razonar mal los seres humanos somos muy creativos. A todas estas alternativas les llamo LÓGICA ABASURADA, y comencé a utilizar esta expresión alrededor del año 2006 para referirme al conjunto de estructuras o "moldes" de pensamiento que las personas utilizamos para razonar "mal". El término en realidad es una traducción grosera de una expresión en inglés (*junko logic*) que le escuché al doctor Richard Bandler en uno de sus entrenamientos de aquella época. Él la empleó precisamente para hablar de argumentos que podrían parecernos lógicos aunque no lo fueran.

Lo que se me ocurrió fue construir un modelo basado en la lógica informal y en la pragmática para formalizar los moldes de razonamiento y argumentación "abasurados" y hacer explícitos los supuestos que los sostienen, de forma que podamos emplearlos como base tanto del pensamiento crítico como de la persuasión.

Y ya sé, ya sé. Quizás suena complicado. Pero te aseguro que lo haremos muy accesible y tendrás la posibilidad de quedarte con el nivel de profundidad que desees. Alvaro cuando lo aprendió se dejó ir como hilo de media, sobre todo tomando el camino de la persuasión y el uso de estos moldes para convencer. Yo la verdad prefiero el camino del pensamiento crítico y aprender a razonar, aunque sé que no está peleada una cosa con la otra, pues que te vuelvas más persuasivo también desarrolla tus músculos del pensamiento crítico.

Conocer la forma en la que todos ejecutamos este tipo de razonamientos te coloca en una mejor posición para utilizar tu pensamiento como aduana y aspirar a tomar mejores decisiones. Pues si conoces los artilugios de la persuasión, puedes identificarlos en los mensajes de quienes pretenden persuadirte utilizando las mismas estrategias.

En otras palabras y sin ánimos de exagerar: ser persuasivo no solo te vuelve más inteligente... ¡sino también más libre! Y en este libro estás encontrando mucho de lo que puedes practicar para lograrlo. Por lo tanto:

Sé más persuasivo. Sé más inteligente. Sé más libre. Y disfruta de este conocimiento que te hemos preparado.

Muchas gracias, Omar, y sobre todo gracias por dejarme adueñarme un momento de este término de Lógica Abasurada. Este capítulo es de tu autoría.

¡Pues a lo que venimos! A continuación, encontrarás una larga lista de tipos de falacias que puedes utilizar en tus interacciones diarias divididas en cuatro categorías:

- Falacias emocionales: son sofismas que apelan a las emociones del interlocutor para ganar un argumento, sustentarlo o persuadir la conducta en alguna dirección. La falacia radica en que las emociones experimentadas a partir de un hecho presentado son irrelevantes para evaluarlo lógicamente. Se les llamaba *argumentum ad pasiones* y quiero que sepas que ya hemos visto algunas de ellas. Por ejemplo, el capítulo sobre póker de chantaje fue una probadita de ellas, pues las técnicas de apelar a la culpa, al halago o a la victimización, pertenecían a este capítulo, por lo que las repasaremos nuevamente.

- Falacias no-emocionales: los argumentos aluden a una justificación aparentemente racional. Sin embargo, ninguna de ellas es relevante a la idea que pretende ser demostrada. Cada vez que hacemos juego de conjuntos estamos recurriendo a estas falacias, pero veremos muchas técnicas más.
- Falacias lingüísticas: en un sentido estricto no son argumentos, pero conducen fácilmente a las falacias. Se utiliza el lenguaje para llevar al interlocutor a una conclusión falaz. Las técnicas de vacas sagradas o envenenar el pozo que vimos podrían entrar también en esta categoría.
- Atacar el argumento: consisten en escuchar al otro para revelar sus argumentos como falaces y así ganar una ventaja.

Para este punto del libro ya tenemos muchísimos ejemplos en los que hemos venido trabajando, por lo que prefiero que nos centremos en ti, en tu objetivo y en tu intención. Y si bien no puedo prometer que para ejemplificar no se aparecerán Claudio y su maestría, Ulises y Normita, la película mala, o cualquier otro ejemplo, para explicar trataré de centrarme únicamente en la niña que pide el permiso de Acapulco, pues al ser el más simple y mundano, podremos centrarnos mucho más en ti y en tus objetivos.

Y para ya no decirle "niña de Acapulco" qué tal si mejor le ponemos nombre y la bautizamos como Ana y a su papá, Jorge. Y ya sabemos que a Jorge no le agrada la idea pues piensa que la ciudad de Acapulco es peligrosa y que Ana todavía no está en edad de viajar sola. Además, las calificaciones de Ana no han sido las mejores. Y si bien Ana viene ya muy preparada con todas las estrategias de PSN que hemos visto y está lista para utilizar la lógica abasurada, lo que no sabe es que su papá también lo leyó, por lo que nos pondremos también del lado de Jorge para que no sea tan sencillo convencerlo. Veamos cómo les va en esta negociación.

Y en tu caso, al terminar de entender cada falacia, plantéate las siguientes dos preguntas:

- ¿Cómo puedo utilizar este tipo de argumento para lograr mi objetivo?
- ¿Cómo respondo ante esta falacia si la usan en mi contra?

Para recordártelo, simplemente cerraré cada técnica preguntándote de una forma un poco sofista: ¿Cómo la utilizarías a tu favor o responderías ante ella?

¡Pues pongámonos sofistas, y aprendamos de la lógica abasurada!

1. FALACIAS EMOCIONALES

Argumento ad misericordiam

"Papá, por favor dame permiso de ir a Acapulco. Sabes que desde pequeña la he tenido muy difícil para hacer amigas y por fin tengo un grupito donde me siento integrada; sería muy feo que por una vez que me invitan a algo en la vida, tenga que decir que no voy..."

Esta técnica es de las más comunes hoy en día. Se trata de generar misericordia o lástima en la audiencia para guiar su comportamiento. En términos coloquiales, es cuando nos hacemos la víctima para conseguir lo que queremos. En el ejemplo, Ana habla sobre lo mal que la ha pasado en la vida por no tener amigas, situación que no tiene nada que ver con su papá ni con Acapulco. La idea de fondo es que como la ha pasado mal desde pequeña y nunca la invitan a ningún lado, hoy tiene derecho a ir a Acapulco sin importar las consideraciones de su padre, algo que no es lógico pero que puede ser muy convincente.

Por lo tanto, te pido el enorme favor de que le des sentido a estas líneas y de corazón me respondas...

¿Cómo la utilizarías a tu favor o responderías ante ella?

Apelar a la culpa

"Estoy segura de que si voy será un motivo para echarle más ganas en el colegio y sacar mejores calificaciones. Además, si te soy sincera, me preocupa un poco que si no voy ya no me vuelvan a invitar y me saquen del grupo".

Como te comenté, esta de la culpa y de pasada de la victimización ya las habíamos visto al hablar de chantaje. Solo que aquí hay que puntualizar que se intenta guiar la conducta de la audiencia a través de la generación de culpa o arrepentimiento. En inglés, a esto se le llama *guilt-tripping*, que es cuando hacemos al otro sentirse responsable por algo negativo que sucederá si no hacen lo que queremos. En este ejemplo, Ana intenta convencer a Jorge de que será su culpa si se sigue sacando malas notas o si ya no tiene amigas. Si observamos bien el argumento, esto no es verdad, pues Jorge no sería directamente responsable de nada, pero las emociones frecuentemente nublan la razón y cuando algo malo sucede por nuestra culpa, nos sentimos responsables.

Yo estoy haciendo mi labor dándote las estrategias, pero de nada sirve si no las aplicas, por lo que no es mi responsabilidad si no avanzas y me respondes...

¿Cómo la utilizarías a tu favor o responderías ante ella?

Argumentum ad metum

"Ana, entiendo tus preocupaciones, pero entiéndeme a mí. Acapulco no es un lugar seguro en este momento, ¡al hijo de mi compadre casi lo secuestran en la carretera hace dos semanas! ¿Qué voy a hacer si te pasa algo así? Por favor y por nuestra seguridad, no vayas al viaje. Además, creo que te estaría haciendo un doble mal si te doy permiso, pues no es solo exponerte a un riesgo innecesario, sino que te estaría maleducando, pues sabemos que no te lo mereces".

En esta falacia se trata de guiar el comportamiento a través del miedo. Este argumento es muy común en los gobiernos y en las políticas públicas de seguridad, pues cuando la gente se siente en peligro, acepta casi cualquier cosa con tal de volverse a sentir segura. De hecho, en su documental ganador del Oscar, *Bowling for Columbine*, Michael Moore asegura que toda la historia de Estados Unidos está basada en esta falacia.

En nuestro ejemplo, Jorge habla sobre la situación de seguridad en Acapulco y le mete miedo a Ana con la intención de que ya no quiera ir al viaje. Además, le suma el miedo de que si la deja ir la va a maleducar. Por lo tanto, no usar esta estrategia puede ser la causa de que no consigas lo que quieres, por lo que más te vale pensar y responder...

¿Cómo la utilizarías a tu favor o responderías ante ella?

Apelar a la esperanza

"Y Ana, no te preocupes de que ya no te van a volver a invitar. Estoy seguro de que si no vas al viaje, te van a extrañar y a regresar con más ganas que nunca de verte y convivir contigo. Y ya será en otra ocasión, donde vayan a un lugar más seguro y tengas esas mejores notas que estoy seguro obtendrás. Te la vas a pasar siempre increíble con esas amigas y con muchas más, pues tienes mucha vida por delante". ¡Ay, papá, por qué leíste el libro!

A esta técnica se le conoce en inglés como *wishful thinking*, algo así como pensar con el deseo o ilusionarnos con el pensamiento. Consiste en apelar a la esperanza o la fe del otro para tratar de guiar su comportamiento y convencerlo de lo que quieras. Es una estrategia que se utiliza frecuentemente en productos milagro o actividades que juegan con la suerte, pues te hacen imaginar que untándote una crema puedes adelgazar o puedes ganarte el *jackpot* con tan solo una moneda. Y en la política mejor ni hablamos, pues todas las campañas son una apelación a un futuro mejor y esperanzador.

En nuestro ejemplo, Jorge le siembra la esperanza de que si no va al viaje sus amigas la querrán aún más y que tendrá muchísimas oportunidades en la vida para pasarla bien. Y estoy convencido de que estas estrategias te colmarán de éxitos y gozarás de las virtudes que la palabra persuasiva brinda, solo respóndeme...

¿Cómo la utilizarías a tu favor o responderías ante ella?

Apelar a la adulación

"Papá, siempre has sido un gran padre y agradezco todo lo que me has dado. Y como eres la persona más inteligente que conozco, sé que puedes superar tus miedos y saber que me voy a cuidar".

"Muchas gracias, Ana, igualmente te considero una mujer muy inteligente, y sé que sabes perfectamente que mi amor por ti no tiene nada que ver con la decisión de no dejarte ir".

Ya habíamos hablado de halagos y lo reforzamos una vez más. Estos funcionan porque hacen sentir bien al otro y por lo tanto en mayor disposición de darte un sí. Es una de las estrategias más útiles porque la puedes utilizar casi en cualquier situación, incluso cuando no conoces a tu contraparte. Tiene que ver con tu *likeability* y con el simple hecho de que a todas las personas nos gusta sentirnos admirados y queridos. Y como sé que eres una persona capaz que le va muy bien en la vida porque se esfuerza, te pregunto...

¿Cómo la utilizarías a tu favor o responderías ante ella?

Apelar al statu quo

"Ana, mejor no le movamos. En nuestra familia nunca han existido este tipo de permisos. Además, estamos muy bien sin preocupaciones por tu seguridad y no quiero que eso cambie. Hay que mantener las cosas como están, por favor, ya no insistas".

Esta estrategia consiste en apelar al estado de las cosas, argumentando que es mejor mantener lo que ya conocemos y ha funcionado bien que estar arriesgando o experimentando con cosas nuevas. Así, en nuestro ejemplo, Jorge habla de cómo nunca han experimentado algún problema de seguridad y que hay que mantener las cosas como están. Claro que Ana puede mostrarse disruptiva, pues romper con el *statu quo* y lo establecido siempre ha sido un argumento muy utilizado. Basta ver cualquier anuncio que diga: "Rompe las reglas y atrévete a (manejar el nuevo automóvil, probar el nuevo sabor de papas fritas o usar el perfume irresistible)". Incluso Ana puede revirar con el mismo *statu quo*, pero planteándolo como algo negativo: "Ok, papá, dejamos las cosas como están, yo desmotivada y sacándome malas notas y viviendo en un hogar donde se teme y desconfía". Una estrategia como las que usan en el judo, el ataque más certero es el que usa la fuerza de tu oponente.

Te menciono esto pues recuerda que debes tener muy presente el cómo responderías si utilizaran cualquiera de estas estrategias contra ti. Por lo tanto, no le muevas y sigue haciendo lo que has hecho desde que empezó este libro, por lo que respóndeme...

¿Cómo la utilizarías a tu favor o responderías ante ella?

Argumentum ad amicitiam

"Papá, te escucho y sinceramente no entiendo por qué no quieres que vaya. ¿Acaso no confías en tu propia hija? Y por favor piénsalo no desde el lugar de autoridad de ser mi papá, sino desde el de dos personas que supuestamente se aman y por lo tanto desean la felicidad del otro".

Esta falacia consiste en equiparar el hecho de que tu interlocutor haga lo que tú quieras escudado en la amistad, el amor y la confianza. Es algo que se ve principalmente en relaciones cercanas de pareja o de familia con frases como "¿acaso no me quieres?" o "si de verdad me quisieras, entonces harías esto". Pero también pasa entre amistades cuando se dicen cosas como: "Te pido esto porque eres mi amigo y confío en ti" o "me muero de la pena, pero como mi amiga te pido...". Como nuestro ejemplo se trata de un padre e hija, es la situación perfecta para utilizar esta estrategia. Ana intenta hacer creer a su papá que el hecho de que le dé permiso para irse a Acapulco está directamente ligado al amor y confianza que le tiene, no a la autoridad del padre. Y como amigo te pregunto:

¿Cómo la utilizarías a tu favor o responderías ante ella?

Argumentum ad superbiam

"Ana, aunque tus calificaciones de momento no son las mejores, tú siempre has sido una excelente hija, responsable y cuidadosa. Por favor, no dejes de serlo el día de hoy por un simple permiso. Es más, demuéstrame que puedes sacar mejores notas y con mucho gusto hablamos. Y estoy seguro de que así será, mi campeona".

Esta falacia apela al orgullo de la persona. Consiste en hacerle pensar que su orgullo o lealtad está en juego. Es algo que se utiliza con frecuencia en la política, por ejemplo: "Si no votas por tal partido, estarás traicionando a tu patria y a tu pueblo", o "si no apoyas esta iniciativa, quiere decir que no eres buen ciudadano", y nadie quiere ser traidor ni mal ciudadano.

En nuestro ejemplo, Jorge apela al orgullo de Ana como hija. Y Ana se la puede regresar muy fácil diciéndole: "No papá, tú no dejes de ser el buen padre que eres por, como dices, un simple permiso. No pongas en riesgo el orgullo que me da ser tu hija y la confianza que nos tenemos por algo tan irrelevante como irme a Acapulco con mis amigas".

Por lo tanto, no me falles y dime...

¿Cómo la utilizarías a tu favor o responderías ante ella?

Apelar a la sinceridad/honestidad

"Y mira, papá, la verdad es que todas mis amigas le están diciendo mentiras a sus papás para ir al viaje, pero yo sé que entre tú y yo hay muchísima confianza y prefiero ser totalmente honesta y transparente contigo. Te contaré todo lo que haga y puedes estar seguro de que nada te ocultaré".

Si te soy sincero esta estrategia es un poco abusiva, pues trata de hacer sentir al otro que es tu cómplice y que pueden confiar en ti porque eres totalmente transparente. ¿Y viste cómo empezó la frase? "Si te soy sincero." Todo lo que inicia así o con un "si te digo la verdad" está utilizando esta técnica. Esta complicidad hará que la otra persona esté más dispuesta hacia ti, pues le estás demostrando que eres una persona honesta a pesar de que sabes los beneficios que podrías obtener si no dijeras la verdad.

En la Ciudad de México, donde los asaltos están a la orden del día, cada vez se escucha más esta técnica para "robar sin robar", en donde individuos se te acercan en la calle o se suben al transporte público y te dicen: "No te voy a mentir, carnal, para mí sería muy fácil asaltarte y quitarte tus cosas, pero nel, no quiero hacerlo porque yo sé que tú eres mi valedor y me vas a ayudar, por eso te pido que voluntariamente me hagas el paro y me alivianes con una feria..." ¡Vaya forma de apelar a la honestidad, a la amistad y de una vez también indirectamente al miedo!

En nuestro ejemplo, Ana intenta generar esa confianza en Jorge demostrándole que ella sí es honesta, no como sus amigas que recurren a la mentira. Y sabes qué, para esta parte del libro ya no tengo que posar, por lo que puedo decirte de manera totalmente abierta y hasta descarada que de nada te sirve leer este libro si no estás haciendo los ejercicios prácticos, por eso te pregunto...

¿Cómo la utilizarías a tu favor o responderías ante ella?

Sentimens superior

"Y papá, ya no lo pienses tanto. Sé que te da miedo y que voy mal en el colegio, pero confío que todo va a estar bien, lo puedo sentir. Lo importante es que todos estemos felices como familia y no darle tantas vueltas a las cosas. Recuerda que siempre dices que el amor lo puede todo, y creo que esta decisión debe ser más un acto de amor".

Esta estrategia es la más emocional de todas y por eso cierro con ella las falacias emocionales, pues básicamente se intenta convencer al otro de que las emociones son una mejor guía que la razón. Por lo que sabes qué, dejémonos de explicaciones y simplemente confía en que esta estrategia te funcionará, por lo que mejor pregúntate:

¿Cómo la utilizarías a tu favor o responderías ante ella?

2. FALACIAS NO-EMOCIONALES

Argumentum ad verecundiam

"Además papá, no es verdad que Acapulco esté inseguro. El papá de Fernando trabaja para el gobierno de Guerrero y dice que ahorita todo está bastante tranquilo. De hecho, le dijo a Fer que está más seguro allá que aquí y si alguien sabe, es él".

Esta técnica es hermana de los testimoniales que vimos en los mecanismos de propaganda verbal. Consiste en validar el argumento apelando a alguna supuesta autoridad. Esto se puede hacer de varias maneras: haciendo referencia a un personaje en específico, a un grupo de personas, a una cita textual o mediante implicaciones.

Pero a diferencia del simple testimonial, aquí se trata de hacer creer al otro que tu argumento no es solamente tuyo, sino de alguna otra entidad con más autoridad. En nuestro ejemplo, Ana apela a la autoridad del padre de un amigo que supuestamente tiene mejor información sobre la seguridad en Acapulco que Jorge.

Y aprovecho para decirte una vez más que no hay que poner a "pelear" las estrategias y discutir si pertenecen a un grupo de estrategias o a otro. ¡Al contrario! Son perfectamente complementarias y la línea que las divide empieza a ser invisible. Atrévete a usarlas todas sin temor a equivocarte, pues ya lo dijo Einstein cuando mencionó que una persona que no se equivoca es porque no está intentando nada nuevo. Por lo tanto...

¿Cómo la utilizarías a tu favor o responderías ante ella?

Apelar a la tradición

"Ana, así son las cosas. A tu edad mi papá tampoco me dejaba viajar solo con mis amigos y por eso nunca le di permiso a tus hermanos hasta que fueron mayores".

Esta técnica es muy sencilla: se trata de convencer de que algo debe ser de cierta manera por el simple hecho de que así ha sido siempre. Se puede emplear en casi cualquier caso, pero es especialmente útil cuando alguien está tratando de hacer algo que normalmente no se acostumbra en ese contexto.

Y es que nuestro cerebro se acostumbra a que los paradigmas no pueden romperse y deben respetarse, no debatirse.

Siempre recuerdo cuando de adolescente le cuestioné a una maestra por qué teníamos que llenar sus exámenes con tinta azul. Su respuesta fue un simple: "Porque siempre lo he hecho así", y contra ese argumento hay muy poco que debatir.

Y a ti tus hermanos o compañeros de escuela seguramente te dijeron cosas como "este siempre ha sido mi lugar" y en el trabajo se escuchan frases como: "En esta empresa siempre ha estado la cultura de que hay que estar disponibles fuera de los horarios de trabajo". Si te das cuenta, nada es ley, pero las tradiciones se respetan. Llevo veinte años dando cursos de PSN y está técnica siempre les ha servido a mis clientes, por lo que...

¿Cómo la utilizarías a tu favor o responderías ante ella?

Apelar al precedente

"Además, papá, hace quince días me dijiste que ya tenía edad para hacer cosas de adulto como llevar una cuenta bancaria, cargar saldo en el teléfono o sacar mis propias citas médicas, y creo que este viaje también entra en esa categoría de cosas que ya podría hacer".

"Sí, Ana, pero recuerda que te lo dije porque te dimos permiso para ir a una fiesta y no cumpliste con lo acordado, pues llegaste tarde y no contestabas el celular, y te excusaste con que no te habíamos cargado saldo. ¿Por qué voy a pensar que esta ocasión sí vas a cumplir con las reglas?"

Esta estrategia es similar a la anterior porque se argumenta con situaciones del pasado, pero en este caso no se juega con la tradición, sino con un simple elemento o anécdota que funciona como premisa de que algo vuelva a suceder. Se puede utilizar en sentido positivo o negativo, o sea, "ya pasó una vez y el resultado fue bueno" o "ya pasó una vez y el resultado fue malo". En nuestro caso, Ana habla sobre las palabras recientes de su padre y Jorge sobre las acciones recientes de Ana.

En México hay un dicho de que si un día matas a un perro por accidente, te conviertes en "El Mataperros" de por vida. Y de eso trata esta estrategia, pues en este caso, supuestamente una golondrina sí hace verano. Y si ya usaste otras técnicas del libro y te funcionaron, está también te servirá. Por lo que...

¿Cómo la utilizarías a tu favor o responderías ante ella?

Apelar a la ciencia

"Papá, además en la escuela nos presentaron un estudio de psicología de la Northwestern University que dice que los jóvenes que viajan con sus amigos tienen un mejor desarrollo psicoemocional. Decía también que viajar es la mejor terapia que podría existir, pues se estimulan las conexiones de un gen llamado OXTR que es el receptor de la oxitocina. ¡Está comprobado científicamente que este viaje es algo bueno para mí!"

Consiste en tratar de convencer al otro aludiendo a algún hecho o dato científico. De nuevo, es una estrategia muy similar al testimonial, pero que habla específicamente de alguna autoridad científica: una persona, una institución, un estudio, etcétera. Al utilizarla, estás defendiendo tus ideas basadas en ciencia que es supuestamente irrefutable.

En nuestro ejemplo, Ana alude a datos sobre psicología para tratar de convencer a su padre, pero su padre podría sacar muchísimos estudios sobre cómo viajar, beber alcohol o simplemente tomar una carretera podrían ser algo negativo.

Estamos en la mejor época para encontrar *papers* académicos a un click que sustenten básicamente todo lo que te imaginas.

El doctor Michelstone de la Universidad de Bolonia dice en un afamado estudio sobre persuasión y ciencia que no hay nada increíble que una buena investigación no pueda hacer creíble, por lo que...

¿Cómo la utilizarías a tu favor o responderías ante ella?

Argumentum ad numerum

"Pues hablando de estudios, Ana, y para que le digas al papá de Fer, en el periódico leí que nada más en el último trimestre del año han aumentado los crímenes 27% en el estado de Guerrero, siendo Acapulco la ciudad más afectada, pues solo ahí han crecido en 43% las denuncias".

Esta estrategia es similar a la anterior, pero ahora más que basarnos en la ciencia nos basamos en los números y las estadísticas que le dan a nuestro argumento una aparente objetividad y veracidad. Los números muchas veces se perciben como totalmente infalibles e indiscutibles, pero son fácilmente manipulables. Aquí también recaen los argumentos del tipo "9 de cada 10 doctores lo recomiendan" o "eliminarás el 99.99% de las bacterias". Por eso en la política les encanta mostrar encuestas de preferencias o hacer consultas y decir que van ganando o que el pueblo eligió, cuando la aplastante mayoría de estas encuestas o consultas están sesgadas para obtener el resultado que desean.

Y si bien esta estrategia como cualquier otra no es infalible, te aseguro que 95 de cada 100 veces te va a funcionar. Por lo tanto...

¿Cómo la utilizarías a tu favor o responderías ante ella?

Argumentum ad antiquitam

"Ana, te llevo muchos años de vida y tengo más experiencia que tú. Y sí, también fui a Acapulco, pero no era el Acapulco de hoy. Era el del glamour de la Costera y el de la herencia de Elvis, Sinatra y Mauricio Garcés, no el que tristemente es hoy, un semillero de narcotraficantes y en total decadencia".

Este argumento se basa en que lo antiguo siempre es mejor. Básicamente, trata de guiar la acción y sustentar la veracidad diciendo que lo viejo y los tiempos pasados tienen un valor inherente, y por lo tanto, lo antiguo siempre es mejor. Por eso Jorge le dice a Ana que él sabe más simplemente porque es mayor, y que el Acapulco de antes era una maravilla y el de ahora ya no.

Una vez asesoré a una empresa que hacía un *shampoo* para la caída del pelo, y en los comerciales se decía algo como: "Hecho con la receta ancestral y los ingredientes milenarios de la naturaleza..." y salía una especie de indígena prehispánico con una abundante cabellera moliendo ingredientes naturistas en una piedra en medio de la naturaleza. Y así muchas veces te han dicho que lo de antes era mejor: la música, el cine, la comida, los hábitos y cualquier producto porque "ya no los hacen como antes".

Por eso, este libro retoma de manera purista lo que dijeron los sofistas hace más de dos mil años y esta técnica milenaria debe seguir vigente y practicarse, por lo que te pregunto...

¿Cómo la utilizarías a tu favor o responderías ante ella?

Argumentum ad novitam

"Por eso, papá, tú eres de otra época y ya ni enterado estás del nuevo Acapulco. Allí están todos los depas privados súper exclusivos y es lo más *cool*, *nice* y está súper *in*. Pero entiendo que por tu edad ya ni te enteres, pues ni quién se acuerde de la Costera o ese Garcés que dices".

Es la técnica opuesta a la anterior: intenta guiar la acción aludiendo a que lo nuevo es lo mejor. Trabajando para la misma empresa de *shampoo* para pérdida del pelo, tiempo después hubo un reposicionamiento de marca. En el nuevo anuncio, salían hombres y mujeres en bata en un laboratorio haciendo pruebas en tubos de ensayo, mientras una animación de una cadena genética daba vueltas con un audio que decía algo como: "Ahora con la nueva fórmula patentada de Regenerex AR, que interviene directamente en los genes encargados de codificar el receptor de andróginos". Y es que, si es nuevo, debe ser mejor (además de que evidentemente también apelaba a la ciencia).

"Este tipo de música es lo más novedoso y revolucionario que se está escuchando en Berlin; está considerado el futuro de la música," fue el argumento que usaron la primera vez que escuche Techno a finales de los ochenta y acepto que tuve que fingir que me gustaba. Pues al igual que lo de antes, también lo más novedoso y actual tiene un valor intrínseco de que es mejor.

Por eso en este libro también estás encontrando los nuevos enfoques sofistas y lo que se conoce como Neoretórica, con técnicas tan novedosas que debes poner a prueba por ser una persona pionera en este nuevo campo del poder de la palabra, por eso...

¿Cómo la utilizarías a tu favor o responderías ante ella?

3. FALACIAS LINGÜÍSTICAS

Etimología

"Ana, ¿tú sabes verdaderamente cuál es el sentido de un viaje? La palabra *viaje* viene del latín *viaticus*, que quiere decir camino. Irte a Acapulco con tus amigas no es un viaje, los viajes los tomamos todos los días y mi decisión de no dejarte ir a Acapulco es el mejor viaje que te puedo regalar. El chiste es aprender de este camino que es la vida".

Esta es de mis preferidas y los que me conocen dicen que siempre argumento basado en el origen de las palabras. Las estrategias lingüísticas siempre han sido las más rebuscadas pues requieren de un uso y conocimiento avanzado del lenguaje. Yo siempre he sido un *freak* de las etimologías y por eso las uso tanto, pero al día de hoy ya son muy fáciles de usar y la etimología es el mejor as que podrás tener bajo la manga con una sencilla googleada.

Busca el origen de las palabras que están en juego en tu argumentación y si puedes, sácalas a colación. El chiste de la estrategia es utilizar el significado original o la raíz etimológica de una palabra para distorsionar su sentido o darle una identidad emocional más profunda. Freud dijo que en su origen todas las palabras fueron nombradas de una manera mágica y que si nos vamos a sus raíces veremos que aún conservan parte de su poder original. Busca el origen etimológico de las palabras que estarán presentes en tu argumentación y sácales provecho. Y si utilidad viene de *utilis*, que es servir, para que esta estrategia te sirva debes practicarla, por lo que:

¿Cómo la utilizarías a tu favor o responderías ante ella?

Densidad semántica

"Papá, dejémonos de discusiones pues parece que estamos peleando cuando en realidad solo deseamos armonía y llegar a un común acuerdo. Y sé que lo común es que no vaya y eso podría hasta dictarlo el sentido común. Pero te pido con el corazón en la mano que aceptes que lo único común que tiene que haber aquí es la comunión entre un padre y su hija. Remar en el mismo sentido y llegar juntos al mejor puerto que en este caso es el puerto de Acapulco. Por lo tanto, dejémonos de acuerdos y abracemos este cambio que sin duda navega en benéfico de todos. Te amo y gracias, querido capitán". ¿Qué dijo? No lo sé, pero ¡qué bonito suena!

Se trata de emplear una gran carga de palabras y oraciones con alto contenido emocional para manipular la percepción del otro. Básicamente, consiste en seleccionar palabras para crear imágenes, sentimientos, ideas o deseos en la mente del otro. Esta técnica normalmente se acompaña de una avalancha de palabras que dejan que el cerebro procese poco la información, o como le decimos en México, de un "choro mareador".

Pero también puede usarse con frases concisas como se ve con los famosos *click-baits* en portales noticiosos de redes sociales: "¡Sorprenden a político con una muchachita en un antro clandestino!" o "Milagroso secreto para la eterna juventud que las farmacéuticas y hospitales no quieren que sepas". El uso de palabras como "sorprenden", "muchachita" y "clandestino" nos lleva a pensar que el político está haciendo algo muy malo o turbio, o las palabras "milagro" o "secreto" te generan mayor intriga sobre el producto. Pero en realidad, la manera en la que se comunica la información no es objetiva.

También hay palabras que por sí solas ya tienen una densidad semántica tan fuerte que cuando se usan impactan más. Por lo que Ana podría decirle a su papá que ya no son tiempos de esas paternidades fascistas y Jorge decirle que deje de vomitar falacias.

Y yo te pregunto: ¿Cómo utilizarías la magia de esta estrategia para detonar todo su potencial a tu favor, o cómo responderías ante sus embustes si maquiavélicamente es usada en contra de tus anhelos?

Acento/énfasis

"Sí papá, las *calles* de Acapulco están inseguras. ¡Calles! ¿Tú crees que yo voy a andar caminando por la calle en Acapulco? Claro que no, nos vamos a quedar en la playa y en casa de Andrea todo el tiempo".

La técnica consiste en hacer énfasis en una palabra o concepto para manipular la percepción del otro. El truco está en centrarse en solo un aspecto e ignorar el resto. En nuestro ejemplo, Ana hábilmente se enfoca en la palabra "calles" para negar que la situación de inseguridad en Acapulco vaya a afectarla, pero es muy importante que su papá haya utilizado esa palabra en su argumentación. Por lo que siempre presta mucha atención a las palabras que dice tu contraparte, sobre todo cuando está mostrando objeciones, pues de esta manera puedes darle la vuelta fácilmente.

Y muchas personas dicen que estas técnicas sofistas son mera manipulación. DICEN... es correcto, pero no comprueban nada, por lo que debe importarte poco lo que digan y mejor céntrate en responderme...

¿Cómo la utilizarías a tu favor o responderías ante ella?

4. ATACANDO ARGUMENTOS

Tu quoque

"Además, mi abuelo me contó que a mi edad tú te la vivías de fiesta y te ibas con tus amigos a todos lados. Y no sé por qué te preocupa la inseguridad o que me divierta, si tú te mueves por rumbos peores y lo que más disfrutas es echarte tus vinitos con tus amigos".

Esta es la clásica técnica de "voltear la tortilla", o sea, implicar que aquello que se está cuestionando o criticando también aplica al que está cuestionando. Se trata de quitarle autoridad a quien está haciendo la crítica, pues cae en las mismas objeciones. *Tu quoque* en latín significa "tú también". Así, Ana dice que su papá no le puede decir nada porque él hizo lo mismo cuando era joven y argumenta que también está en zonas peligrosas o que sale de fiesta con amigos. Y contra ese argumento, poco que hacer. Bueno, en realidad no, hay mucho que hacer pero recuerda que muy pocos tienen el conocimiento de este libro.

Y tal vez pienses que en este capítulo me han faltado más ejemplos, pero qué crees, la realidad es que es a ti a quien le ha faltado poner más ejemplos, por lo que te pregunto...

¿Cómo la utilizarías a tu favor o responderías ante ella?

Contra-pregunta

"¿Papá, pero por qué no me das permiso de ir a Acapulco?"

"A ver, Ana, ¿por qué crees tú que no te lo estoy dando? Y además te pregunto, ¿por qué mejor no te quedas en casa con la familia este fin de semana?"

"Papá, ¿por qué tendría que quedarme con la familia?", y así nos seguiríamos.

Está técnica es de las más sencillas pues ni siquiera es necesario formar un argumento. Ante cualquier pregunta o cuestionamiento, se desvía la atención elaborando una segunda pregunta o cuestionamiento. La intención es hacer que la contraparte se olvide del cuestionamiento inicial. Además, al contra preguntar, tu contraparte puede revelarte información importante que se convierten en argumentos tuyos. Si Ana responde a la contra pregunta de "¿por qué crees tú que no te estoy dando permiso?" con algo relacionado a sus calificaciones, su edad o la inseguridad, ya no hace falta que Jorge lo diga, pues Ana evidenció sus propias objeciones.

¿No te quedó claro o tienes alguna duda? ¿No sería mejor cuestionarte cómo la utilizarías a tu favor o responderías ante ella?

Argumentum ad ignorantiam

"Papá, no tienes ninguna manera de comprobar que me va a pasar algo o que no voy a seguir las reglas y mantenerme segura en Acapulco."

Y Ana tampoco tendría pruebas de que no le va a pasar nada inseguro en su vacación. Por eso esta técnica es muy poderosa, pues trata de sustentar la validez del propio argumento con el hecho de que no hay pruebas para comprobarlo. Es el famoso "no tengo pruebas, pero tampoco dudas" y que se usa constantemente en discursos sobre religión, espiritualidad o fenómenos sobrenaturales. Por ejemplo: "Nadie puede comprobar que Dios no existe y su obra habla de su existencia" o: "No importa que no creas en los espíritus, ellos están a tu alrededor y no hay forma de que compruebes lo contrario". Pero a su vez tampoco nadie puede comprobar que Dios existe y los fantasmas también. Cualquier argumentación se torna irrelevante al no existir pruebas... pero tampoco dudas.

En resumen, con esta estrategia no basas tus argumentos en conocimientos y evidencias, sino en la falta de ellos, o lo que es lo mismo, en la ignorancia.

Y no tengo dudas de que en la antigua Siracusa, cuando todos practicaban los sofismas, la sociedad era más plena e incluso más feliz, pues la infelicidad llegó con el pensamiento cuadrado de los filósofos, quienes se equivocaron al tirar a la basura esta lógica informal... y si no me crees, ¡compruébame lo contrario! Por eso mejor respóndeme una última vez...

¿Cómo la utilizarías a tu favor o responderías ante ella?

El uso de falacias es siempre un desafío. Y con desafío no me refiero a que sea complicado, sino al significado puntual de la palabra que es la acción de desafiar. Un desafío es una rivalidad o competencia. Es contender contra alguien en algún reto que requiere agilidad y destreza. Y estas falacias o sofismas las utilizarás siempre que haya un diálogo argumentativo con alguien más y las utilizarás para convencer ya sea a través de la embestida o la defensa. Un duelo o desafío al final de cuentas.

Y te decía al iniciar el capítulo que las falacias sofistas me recordaban a hechizos de Harry Potter. Y no es solo por los nombres pomposos en latín, sino porque me gusta imaginármelas como una guerra de hechizos: si tú mueves tu varita y me avientas un ¡*argumentum ad novitam*!, yo lo freno con un poderoso y emocional ¡*sentimens superior*! Por lo que tú me respondes con un supuestamente racional ¡*argumentum ad numerum*!, obligándome a cargar mi varita de números más grandes, etimologías y combos letales de culpa y miedo hasta que recurras a un piadoso ¡*amicitiam y misericordiam*! Quedando hechizados y paralizados por el látigo de nuestras palabras.

Pero la realidad es que no nos desafiaremos tú yo. No es un Harry vs Voldemort. Para tu fortuna entrarás a desafíos contra puros muggles incautos, que al no tener poderes ni magia se defenderán por puro instinto, haciendo que tengas todas la de ganar.

Y esto del instinto es importante que lo tengas presente, pues aunque nadie nos lo enseñe, nuestra naturaleza humana es falaz de nacimiento. Seguro de pequeño dijiste frases como "préstamelo, a mí no me lo trajo Santa Claus y tú lo vas a tener siempre" o "yo soy tu amigo desde hace más tiempo por lo que me toca usarlo primero", y obvio no sabías qué era apelar a la misericordia o a la tradición y a la amistad. Pero ahora ya lo sabes y lo debes tener muy presente. Empieza a ponerle nombre a las falacias con las que convives todos los días y también al resto de las estrategias que estamos aprendiendo, pues de esta forma estarás obligándote a vivir en la competencia consciente de la que hablábamos al inicio del libro, para así pasar de manera armónica al estado ideal de competencia inconsciente, donde ya eres dueño de la magia.

Participa en cuantos duelos y desafíos puedas. Diviértete argumentando con temas irrelevantes y por pura necedad, trata de defender lo indefendible cuando de charlas irrelevantes se trate. Incluso participa en duelos y desafíos que no te corresponden. Responde en tu mente cómo hubieras contestado a ese argumento falaz que escuchaste en una sobremesa, o analiza por qué fue tan convincente ese diálogo entre los personajes de una serie o los comentaristas de un programa de opinión. ¡Todos los días tendrás espacios para practicar!

¡SALTE CON LA TUYA!
Lógica Abasurada

Mientras fuimos explicando cada falacia ibas respondiendo cómo la utilizarías a tu favor o responderías ante ella, por lo que ya llevamos bastante avance para esta sección de práctica. Y si bien te pediré que hagas unos combos letales con las técnicas, antes quiero que nos centremos en detectarlas, pues como te lo acabo de explicar, es fundamental tanto para desarmarlas como para utilizarlas.

Es por ello que te pondré unos diálogos entre los personajes que nos han acompañado a lo largo del libro con el objetivo de que enumeres cuántas falacias encuentras. Circúlalas, subráyalas o simplemente detéctalas. Y ojo, si encuentras alguna técnica de otra sección, también señálala pues para este punto ya traemos una mezcolanza retórica donde las estrategias conviven entre sí. ¡Pues a detectar hechizos!

Película Rápidos y Furiosos 23: La Familia Vs Los Transformers:

—Amor, he tenido una semana fatal, porfa llévame al cine. Siendo sincero quiero ver algo que sea malísimo, una tipo blockbuster que no tenga que pensar.

—¿En serio, mi vida? Si la vez pasada que fuimos al cine te estresaste más, que porque si la gente hace ruido al comer o que si está todo muy caro. Mejor quedémonos en casa pues así te sentirás mejor, te relajarás y estarás feliz.

—Ok, amor, aunque me preocupa que si nos quedamos vaya a estar de malas e irritable, por lo que mejor te conviene que vayamos. Además, quiero saber por qué tanto ruido con esta nueva película de *Rápidos y Furiosos* que ha recaudado más de 900 millones de dólares en quince días...

Maestría de Claudio con su jefa Roberta:

—¡Roberta, no sabes la maestría que voy a estudiar! Es el plan de estudios más actual en Automatización y está impresionante lo revolucionario de las materias; de hecho Ray Kurzweil, uno de los futurólogos más respetados, dice que ser especialista en automatización es la profesión del futuro en el presente. Pero necesito que me apoyen y me ayuden a financiarla.

—Ufff, Claudio, está increíble y me encanta que siempre seas tan innovador y que tengas la camiseta tan puesta, habla de una gran inteligencia. Pero dirigiéndome a esa misma inteligencia y lealtad, te digo que nos comprendas, pues como empresa estamos pasando por un momento complejo que necesita toda tu empatía, además, financiar estudios es algo que nunca hemos hecho.

-Lo sé, Roberta, pero si nunca lo han hecho no pueden decir que no sería bueno para la compañía, por lo que te pido que intercedas por mí no como jefa, sino como amiga que creo deseas lo mejor para mí y para mi familia. Pídele al consejo administrativo que me ayude a alcanzar este sueño que nos despertará en una nueva era de abundancia mediante la automatización de los procesos de producción.

Masaje del Ulises a Normita:

—Ya, Normita, no lo pienses tanto y simplemente déjate llevar por el placer. Entiendo que la razón y la conciencia te digan que no, pero ambos sabemos que el corazón y el alma te piden relajarte y disfrutar.

—¡Ay, Ulises, ya ves cómo eres! Pues la verdad sí se me antoja, pero me asusta que después todo vaya a cambiar, pues las cosas podrían ponerse raras, por lo que mejor prefiero no moverle entre nosotros. Así como estamos la llevamos muy bien y estoy segura que es lo mejor para nuestra dinámica laboral.

—Ya lo dijiste tú, se PODRÍAN poner raras, pero no será así, pues todo será muy profesional. Y he bromeado últimamente, pero la realidad es que sí tomé un curso serio de fisioterapia y está comprobado científicamente que un masaje eleva los niveles de serotonina, además, mi tipo de masaje mezcla las técnicas orientales más antiguas que se usaban para curar el cuerpo y el alma. Qué dices, ¿te animas?

¿Cuántas encontraste? Quiero que sepas que dentro de los tres ejemplos están todas las falacias que vimos, menos las de atacar argumentos y la de etimología, que hubiera sido muy fácil de detectar y el chiste es practicar (de *praktikos* que es llevar a la acción, perdón, no me puede resistir).

Y ahora sí, ya que tienes frescas las falacias tras haberlas detectado, quiero que hagas al menos una combinación de sofismas para crear una oración u oraciones que te servirían para salirte con la tuya:

____

____

____

____

____

____

____

CAPÍTULO 12
MALABARES VERBALES

El siglo XVI es considerado el siglo de la elocuencia. Y es que fue el siglo de Shakespeare y Cervantes, y de tantos otros que se paseaban por las cortes presumiendo sus florituras verbales a través de la dulce poesía o de sus cautivadoras prosas, cambiando la literatura y el uso de la palabra para siempre.

Uno de los más cultos y distinguidos personajes de esa era fue George Puttenham, autor de *The Arte of English Poesie*, uno de los libros más importantes de la poética durante la época isabelina. Este texto es el nacimiento de las figuras retóricas o literarias, que retomaban los tropos de los griegos y los llevaban a otro nivel, creando una especie de manual con ciento veintiún figuras para adornar el lenguaje. Escribir este texto, pero sobre todo su gran uso del lenguaje, le dio a George Puttenham pase directo a ser uno de los consentidos de la corte de Isabel I, y sus enseñanzas siguen con gran vigencia hasta el día de hoy. Pero veamos qué son las figuras retóricas.

Las figuras retóricas son un intento de categorizar a la extraordinariamente amplia gama de cosas que se pueden hacer con el lenguaje, y digo que son un intento, porque en realidad es imposible catalogarlas todas, pues no hay un límite para las mismas, pues hasta tú puedes inventar tus propias figuras retóricas. Sam Leith dice que es como bailar, y por más que tengas una lista de pasos no puedes limitarlos, ya que la cantidad de combinaciones que puedes hacer con ellos es infinita. Por eso me molesta cuando encuentro discusiones estúpidas de que si un recurso literario es una hipérbole, una alegoría, una sinécdoque, una metonimia o una antonomasia... ¡Da igual! El chiste es que funcionan. Al grado que veo puristas académicos que les encanta decir que las figuras retóricas y los tropos son cosas diferentes, cuando la única diferencia es si hablamos de los griegos o de lo que aportó Puttenham en la época isabelina.

Para mí las figuras retóricas son las cerezas del pastel, los malabares que el acróbata del lenguaje ejecuta para entretener a su exigente público y deleitar su paladar, y que aunque nombre quisiéramos ponerles nunca terminaríamos de nombrar. Por lo tanto, da igual si los haces con naranjas o con cuchillos, el chiste es que hagas malabares verbales y que las piezas estén en constante movimiento, y como en todo malabar, mientras más elementos estén en el aire, más sorprenderán.

¿Te diste cuenta de mis malabares? Si no, relee este párrafo al terminar el capítulo y encontrarás al menos cinco figuras retóricas.

Y como es imposible enumerarlas todas y además de nada sirve ensanchar este libro con información que puedes encontrar a un *click* en internet, mejor te recomiendo que busques información sobre figuras retóricas/literarias y tropos en Google, pues nada más con lo que te dirá Wikipedia tendrás un buen tiempo para aprender y entretenerte. Por eso, aquí te daré únicamente las que a mi parecer son las cinco figuras que más funcionan para captar la atención y, sobre todo, el ánimo de la audiencia. Si aprendes a hacer malabares con tan solo estas cinco pelotas ya la hiciste para sorprender a tu audiencia. ¡Pues a malabarear se ha dicho!

1) Analogías

Son figuras retóricas que consisten en utilizar el recurso de la comparación, la semejanza o la equivalencia. Son un arsenal de recursos donde tus palabras son balas que impactan en el blanco emocional de tus oponentes. Las analogías son como un tesoro que de tanto brillar atrae a los demás de una manera irresistible como el canto de las sirenas. Y, por si fuera poco, nos ayudan a generar una ventaja estratégica en este gran tablero de ajedrez que es la argumentación, en donde el uso de analogías no se trata tanto de acorralar al rey, sino de jugar con la mente del ajedrecista para nublar su razón y que inclusive se le olvide que está jugando, para en ese momento... ¡jaque mate!

Y creo que quedaron clarísimas mis analogías y si no, te explico las tres que usé y que son las más comunes: metáforas, símiles y alegorías.

- Metáfora: es una equivalencia. Consiste en el desplazamiento del significado entre dos términos con una finalidad estética, donde A es igual a B. Al decirte que "tus palabras son balas que dan en el blanco", usé una metáfora.
- Símil: es una comparación. Es más simple que la metáfora pues en este caso A es como B. Al decirte que las analogías son como un tesoro irresistible comparado con el canto de las sirenas, estaba usando símiles.
- Alegoría: es una reiteración de comparaciones o una comparación prolongada, en donde buscas representar una idea valiéndote de objetos cotidianos, animales, historias que parecieran irrelevantes y demás temáticas que te permiten llegar a una conclusión o reflexión. En mi ejemplo, usé toda una alegoría con el ajedrez. Y todo este capítulo ha sido una alegoría con los malabares, como el de juegos de seducción fue una alegoría a la canción de Soda Stereo.

Cuando las alegorías se hacen de manera indirecta, como en las fábulas o las parábolas, se le conoce como alusión. Pero no quiero perderme en nomenclaturas, pues dentro de las analogías existen muchas otras figuras retóricas como la metonimia o la antonomasia: la primera consiste en nombrar algo con una de sus características, como si te dijera que aquí has encontrado "letras que transforman tu vida", y la segunda es tan sencilla como poner apodos que transfieren atributos, por lo que este libro podría ser "la Biblia de la manipulación" y tú un "Ilusionista de las palabras". Muy parecidas también al *transfer* de propaganda verbal.

2) Hipérbole

Esta figura retórica es de las más impresionantes que te vas a encontrar en la vida. Y es que es en extremo poderosa pues consiste en exagerar cantidades, cualidades y demás características de tus argumentos. Se usa para venderte las cosas con mayor grandeza de la que realmente tienen y es sorprendente lo efectivas que son. Y si bien sabes que la gente no las interpreta de manera literal, apuesto mi vida a que funcionan como pocas cosas en el mundo.

¿A ver cuántas hipérboles encuentras en esta explicación que te acabo de dar? Hay cinco.

3) Eufemismos

Del griego *eu* que significa "bueno" y *pheme* que es "hablar". Por lo que el eufemismo consiste en un "buen hablar" donde cambias las palabras "disfrazándolas" para que sean menos ofensivas, repugnantes o molestas para quien las escucha. Y es que algunas palabras a lo largo de la historia se van cargando de connotaciones negativas, por lo que es necesario reemplazar una expresión por otra a fin de descargarla de todo contenido emocional y vaciarla de su significado original.

Me encanta la historia de la palabra *prostituta*, que al cargarse de las connotaciones negativas que este digno oficio conlleva, se decidió bautizarla con una nueva palabra para que sonara menos fuerte. La solución fue hacer una abreviación en donde se dejara la primera letra de la palabra y las últimas tres, para así, cada vez que se hiciera referencia a una mujer que practicara el oficio más antiguo del mundo, en lugar de decirle prostituta, simplemente le dijeran p-uta, y así, puta sonaba más bonito y menos ofensivo que prostituta. Con el tiempo la nueva palabra adoptó más connotaciones negativas y se regresó a la palabra original. Hoy, tenemos sexoservidoras y trabajadoras sexuales, pero también han existido suripantas, mujeres de la noche, señoritas de compañía y damas de la vida galante. Todos estos son ejemplos de eufemismos.

Por lo tanto, algo no es caro, es valioso. No es pequeño, es acogedor. No es viejo, es *vintage*, y no es tosco, es rústico. El aborto es interrupción voluntaria del embarazo y los despidos son reajustes laborales. Como las guerras son conflictos armados y sus muertes de civiles daños colaterales.

Los eufemismos son muy valiosos y le dan un nuevo enfoque y emoción a las cosas, personas y sucesos. Está comprobado que la comunidad gay avanzó muchísimo y ganó en felicidad desde que en los años 70 empezó a utilizarse de manera común el término *gay*, pues gay es alegre, y sirvió para la lucha de equidad. Usa tú también los eufemismos a tu favor.

4) Disfemismos

Es lo opuesto a los eufemismos. *Dis* significa "mal", y como ya sabes, *pheme* significa "hablar". Su objetivo es "desenmascarar" las palabras para que sean ofensivas, repugnantes o molestas para quien las escucha. No forzosamente debe ser un *name calling*, sino simplemente reemplazar una expresión por otra a fin de cargarla con contenido emocional negativo y darle un nuevo sentido que provoque rechazo en quien la escucha.

Por eso quien está en contra del aborto no le dirá interrupción voluntaria del embarazo, le dirá aborto, pues la palabra ya trae una carga emotiva fuerte y desagradable, pero sería mejor si en algunas ocasiones se refiere a él como "asesinato de bebés", pues impactaría más. Y así, un grupo al que quieres denostar sería una mafia (y mira cómo son las cosas, pues las mafias y cárteles eufemísticamente se hacen llamar "familias"), la comida procesada es comida chatarra, los cigarros son bocanadas de cáncer y las amistades de tu pareja que no te agradan son sus "amiguitas" o "amiguitos"; y mira cómo con un simple diminutivo lo hacemos despectivo.

5) Sinestesia

Esta técnica es deliciosa y salivo nada más de pensar en ella, pues como figura retórica la sinestesia consiste en la atribución de una sensación a un sentido que no le corresponde. De esta forma, se despiertan emociones que se ligan a cosas que normalmente no despertarían ese sentimiento.

Al decir que esta técnica es deliciosa y me hace salivar, que es una atribución exclusiva del sentido del gusto, estoy usando sinestesia, pues uso la palabra para venderte una experiencia sensorial ligada a esta estrategia. Y así, en un lugar se respira libertad, el amarillo es chillón, las personas brillan por su ausencia, y la política apesta. Lo bueno es que este libro te está dando mucha luz y ya puedes oler y saborearte todos los beneficios que te traerá.

¿Y de qué me sirve hablar tan bonito, te preguntarás? La respuesta es que estas técnicas pueden abrirte muchas puertas por la manera que endulzan el oído de los demás. Y si no me crees, pregúntenle a su creador que nos deja un gran aprendizaje histórico sobre el poder del uso de las palabras.

Resulta que George Puttenham en realidad no era el culto cortesano que todos creían que era. De acuerdo con muchos registros históricos, en realidad era un estafador, tramposo, maleducado y sinvergüenza, pero extremadamente astuto a la hora de deformar la verdad con las palabras. Era tan elocuente y su discurso tan persuasivo, que sabía cómo ganarse a la gente para lograr sus objetivos y frenar a cualquier detractor. Incluso está en duda que sea el autor *The Arte of English Poesie*, pues historiadores actuales le han dado rastro a este peculiar personaje que, siendo irrelevante, supo cómo colgarse títulos sin haber terminado sus estudios, casarse con viudas millonarias, convencer a otros para que robaran por él y ganarse un asiento en la mesa de la reina Isabel. No lo estoy alabando, pues soy un convencido de que hay que ser y parecer, pero creo que responde tu pregunta de para qué te sirve hablar tan bonito.

¡SALTE CON LA TUYA!
Figuras retóricas

Quiero que hagas malabares y es muy difícil hacerlo mientras escribes, por lo tanto, experimenta. Di en voz alta cosas que puedan endulzar tu discurso y argumentación. Deja que fluya con libertad la palabra y de momento no te preocupes si suenas cursi o exageras.

Haz un *storytelling* sobre tu caso donde uses metáforas, analogías, símiles, hipérboles, eufemismos, disfemismos y sinestesias para lograr tus objetivos. Y empieza a detectar cada vez que leas o escuches alguna figura retórica, y si alguna te atrajo pues despertó emociones positivas o negativas en ti, ¡róbatelas! Apúntalas y úsalas en tu siguiente argumentación. Yo muchísimas veces viendo una serie, una película, una TedTalk o leyendo un buen libro, hago pausas para reflexionar sobre el poder del lenguaje y pensar cómo puedo utilizar ese recurso a mi favor. Siempre digo que el azúcar de imitación también es dulce.

Y esto hazlo con todas las técnicas, no solamente con las figuras retóricas, pues para este punto ya cuentas prácticamente con todas las técnicas de este libro. Aún nos faltan unas cuantas recomendaciones, pero tienes que empezar a asimilar toda la información y hacerla parte de tu sistema.

Por eso debes de estar con los ojos muy abiertos y las orejas bien paradas para detectar lo aquí aprendido en su estado natural. Debes asimilar las estrategias y hacerlas habituales en ti, por lo que los días próximos a que termines la lectura serán fundamentales, pues si no, corres el riesgo de olvidar todo.

Por eso quiero que te pongas metas. Quiero que te propongas utilizar al menos dos técnicas diferentes cada día. Si te fijaste, el índice del libro funciona también como un *checklist* con todas las técnicas para facilitarte el proceso, y no descansarás hasta que tengas esa lista palomeada. Así, te empezarás a dar cuenta cuáles son tus estrategias favoritas. Yo soy muy fan de unas y hay otras que apenas y las uso, pero lo verdaderamente relevante es que ¡ya no tengo que poner atención cuando las uso!

Mi cerebro ya no hace conciencia de qué técnica estoy usando en qué momento y si se llama de una forma u otra. Y eso también te pasará a ti, pero debes practicar, practicar, practicar y practicar...

Puede ser que practiques en cualquier contexto: con tu pareja, tu familia, tus amistades, cuando compres tu café de la mañana o en una negociación del trabajo. Y si te recomiendo que hagas solamente de inicio dos al día, es para que realmente puedas comprometerte a usarlas y enfocarte de manera consciente en el efecto que tienen en las personas. Y así te irás poco a poquito, practicando hasta que se convierta en una competencia inconsciente y salirte con la tuya sea una acción natural.

CAPÍTULO 13

PSN CON ASERTIVIDAD

Estamos en la recta final de nuestro viaje y es momento de hablar de un tema que desde el inicio del libro quería tocar por su importancia al momento de persuadir, seducir y negociar: el tema de la asertividad. Lo dejé hasta este momento porque llevamos una racha de técnicas bastante duras y ventajosas que podrían dejarnos con el sentimiento de que estamos pasando por encima de los demás para salirnos con la nuestra, por eso tenemos que aterrizar nuevamente en el plano de que podemos ser más exitosos en la consecución de nuestros objetivos si nos preocupamos por los demás, que si tratamos de sacar únicamente beneficio personal.

Sobre asertividad hablamos cuando nos vacunamos contra objeciones y aprendimos sobre el cambio de índice referencial (recordarás el ejemplo de cómo decirle a alguien que le huele la boca), como también la mencionamos cuando explicamos la estrategia de "sé suave con las personas y duro con los problemas" y explicamos la técnica del desarme (decirle a las personas "tienes razón" y frases similares que hacen que se sientan entendidas y que han aparecido en muchísimos ejemplos porque hacen que tu oponente baje la guardia). Incluso cuando aprendimos sobre juegos de conjunto, te dije que la estrategia de "nueva conclusión planteada como intención-consecuencia" era una estrategia de asertividad muy útil para cuando queremos negarnos.

¿Pero qué es la asertividad? Existe mucha confusión al respecto y no se termina de entender muy bien qué es. Pues bueno, la asertividad es simplemente un estilo de comunicación. Y en ese sentido, se relaciona más con el comportamiento humano y con una habilidad que con una actitud o un rasgo de la personalidad. Es un estilo de comunicación que nos permite expresarnos, ejercer nuestros derechos y afirmar lo que queremos, pero siempre pensando en cuáles pueden ser las consecuencias de nuestras palabras y sabiendo que nuestra comunicación es una causa que va a tener efectos.

Este estilo de comunicación está dentro del rango de otras dos formas de conducta: la pasividad y la agresividad. La pasividad es cuando no decimos lo que queremos. Por ejemplo, si vas a un espectáculo con asientos numerados y encontramos a alguien sentado en nuestro lugar, pero no nos atrevemos a decirle o nos da vergüenza. La pasividad puede hacer que perdamos nuestros derechos, pues hay que pedir lo que es nuestro y saber expresar lo que queremos decir. Por su parte, la agresividad es cuando hablamos sin pensar en los sentimientos de la otra persona y en las consecuencias de lo que decimos, y esto puede causarnos muchos problemas. Por ejemplo, si ante la misma situación le dices a la persona "muévete que ese es mi lugar", esto genera un ambiente de confrontación que no te ayuda en nada, pues hasta puede darse el caso de que ambos tengan la razón y que sea un problema del organizador.

La asertividad, por lo tanto, son todos esos puntos intermedios y rangos entre la pasividad y la agresividad. Es saber decir las cosas de la manera correcta y ante la persona adecuada para no generar problemas. Y no te confundas, no estamos diciendo que siempre tengas que estar en el punto medio entre la pasividad y la agresividad. Muchas veces ser pasivo es lo recomendable. Como también ante un abuso o algo que atenta contra nuestra integridad, la agresividad será el camino. O simplemente también recurrirás a la comunicación agresiva cuando ya has intentado varias veces por la vía asertiva.

Para que lo entiendas mejor, ya desde mi libro *La Biblia Godínez* decía que si te dedicas a las ventas y a tu posible cliente le huele la boca, aunque te moleste, más vale que te calles y recurras a la pasividad, pues hacer notar tu molestia por el mal olor puede hacer que se te caiga la venta. Pero si a tu hijo adolescente le huele la boca porque no se ha lavado los dientes en tres días y además ya le dijiste más de veinte veces de la forma más asertiva que se los lavara, sin problemas puedes recurrir a la agresividad. Como también lo harías ante un abuso, como dije hace un momento, pues no dirás: "Señor abusador, tiene razón, me pongo en su lugar y entiendo por qué desea abusar de mí, es normal, sin embargo, desde mi posición le solicito..." ¡Obvio no! Ahí pondrás un límite tajante y hasta insultarás. Como también habrá momentos donde seamos más pasivos, utilizando un lenguaje connotativo, y en otros más agresivos, siendo más directos y denotativos.

Pongamos un ejemplo de PSN que aborde todos los rangos, y te dejo también una gráfica que los ilustra cual medidor de gasolina:

RANGOS DE LA ASERTIVIDAD

Vamos a ponernos incendiarios y candentes e imaginemos que después de un buen ligue de bar, una de las partes tiene el deseo de irse a otro lugar para tener relaciones sexuales. Por lo que tiene que decírselo o dárselo a entender a su ligue.

La pasividad sería no decirle nada ni darle a entender la mínima pista, y sin gasolina, las cosas no carburan.

La agresividad sería decirle algo como... bueno, mejor dejo a tu imaginación cuál sería la forma más burda, sórdida y hasta vulgar de decirle a alguien que quieres tener relaciones sexuales sin darle opción de elección. Échale tanta gasolina que provoques una explosión.

La asertividad media sería decirle algo como: "Ya me la pasé muy bien aquí y espero tú también, por lo que si tú también lo deseas y estás de acuerdo, me gustaría que nos fuéramos a otro lugar a tener intimidad sexual. No haremos nada sin tu consentimiento y tomaré todos los cuidados que necesites. Respetaré tu decisión pues quiero que sepas que me da felicidad haberte conocido". Espera, aún no te estoy pidiendo tu opinión sobre estas palabras y si este tanque lo ves medio lleno o medio vacío, simplemente estamos con ejemplos.

Vayamos ahora con la asertividad connotativa, que es la que tiene tendencia hacia la pasividad. Es ponerle la suficiente gasolina para echar a andar las cosas con el riesgo de que al ser tan sutiles nos falte gas. Sería iniciar y cerrar igual que en el ejemplo pasado, pero en la parte intermedia, donde se está pidiendo lo que se desea, se dice algo como: "Y nada me gustaría más que amanecer abrazados y reírnos juntos toda la noche". No está diciendo nada de irse a tener relaciones sexuales, ¡pero se entiende! Además, las palabras amanecer, abrazados, reírnos y juntos, tienen connotaciones positivas de luz, cariño, unidad, amor y felicidad.

Ahora bien, la asertividad denotativa, que se inclina más hacia la agresividad, es pasarnos de gas sin llegar a derramarla, pero con el riesgo de que a mayor combustible, mayor la fuerza y riesgo de estrellarnos. Sería en nuestro ejemplo decir las cosas con la propia lascivia que implica el sexo, donde de una forma hasta *kinky* se diga con pelos y señales lo que se pretende hacer (y si no hay depilación, hasta con más pelos). Además, se le da a entender que no tiene mucha opción para decidir. Sería un: "Vámonos, pues sé que también te mueres de ganas de... (y aquí inserta todas las perversiones que tu mente te está incitando a pensar, dichas de la manera más cachonda posible), y así duro y dale hasta el amanecer contra el ropero hasta que amanezcamos en Narnia". Como ves, aquí no hay ni media duda de lo que se desea y parece más una instrucción que una petición.

Y ahora sí quiero tu opinión: ¿Cuál de estas cinco formas crees que prendió más motores y es la efectiva para lograr el objetivo? ¿La pasiva, la connotativa, la intermedia, la denotativa o la agresiva?

¡Pues depende! Pero tu respuesta me enseñó tu manera de pensar... Y es que todas son buenas o malas según el contexto y la persona. Recuerda que desde el principio dijimos que cuando pescamos ponemos de carnada la comida que le gusta al pez, no a nosotros. Tal vez usamos la connotativa del "amanecer abrazados juntos" y quedamos como cursis y se ríen de nosotros, pero la de Narnia o hasta la agresiva hacen que la persona se emocione y eche andar la caldera y te saque a rastras del lugar. Como también, en algunas situaciones la pasividad puede ser recomendada, pues la lectura te indica que aún no es el momento por más que lo desees y hay que seguir trabajando el caso. Y en estas épocas donde los encuentros casuales no pueden prestarse a interpretaciones de si las relaciones son consensuadas o no, la asertividad intermedia fue tan precisa y respetuosa que no se presta a malentendidos. Por lo que en asertividad no hay buenos y malos, sino relatividad pragmática.

Ya que lo entendiste, te voy a dar otras tres recomendaciones generales de asertividad que funcionan en cualquier situación, y digo otras tres, pues recuerda que durante el libro ya viste el desarme, la suavidad con las personas y dureza con los problemas, y la de intención-consecuencia. Seamos personas más asertivas haciendo esto:

1) Habla en primera persona

Cuando vas a decir las cosas o señalar un problema, trata de hablar desde tu propia experiencia o posición sin señalar al otro. Ahí radica la diferencia entre decir "no sabes explicar" y decir "creo que no te entendí". Te responsabilizas de la situación en vez de responsabilizar al otro. Una buena estrategia incluso es responsabilizar a un tercero que no está en la conversación.

Si volvemos al ejemplo del asiento en el espectáculo, en vez de decir "creo que te equivocaste de asiento", podemos decir "al parecer tengo el mismo asiento que tú" o "creo que nos dieron el mismo asiento". Así la responsabilidad parece ser tuya o del evento y la persona no se sentirá atacada. Hablar en primera persona hace que la interacción sea mucho más ligera y que la persona con la que estamos hablando no sienta que está ante una confrontación.

Además, cuando estamos solicitando cosas, hablar en primera persona ayuda a no hacer suposiciones ni poner palabras en la boca de la otra persona. Ve cómo en el ejemplo del ligue con deseo carnal, varias veces se mencionó "nada me gustaría más que..." o "ya me la pasé muy bien aquí..." Cuando hablas por ti, siempre hablarás con asertividad. Por lo tanto, en negociaciones prefiere frases como "no comparto esa impresión" o "esa oferta no cumple mis expectativas" a señalamientos del tipo "estás mal" o "tu oferta es insuficiente".

2) Acepta tus errores y aduéñate de los errores de los demás

Cuando aceptas tus debilidades y reconoces tus errores, te pone al mismo nivel que la otra persona y genera empatía. Es muy diferente simplemente hablar sobre los errores o las fallas de los demás a hablar sobre sus características en relación a tus propias fallas o debilidades. Por ejemplo, si tú eres una persona muy organizada pero tu pareja deja las cosas por todas partes, puedes decirle algo como: "Ya sé que soy un *clean freak* y tengo que relajarme, pero por mi paz mental, ¿puedes por favor ayudarme a dejar la pasta de dientes cerrada y en su lugar?" Así el problema ya no se trata sobre su desastre, sino sobre tu obsesión con el orden. Planteas la situación como algo que es tu culpa y no de la otra persona.

Y cuando tienes que ponerte en la incómoda situación de retroalimentar sobre cosas negativas o hasta reprender a alguien, trata de encontrar algún pequeño grado de culpabilidad personal y exagérala. También cuando le llames la atención a alguien, trata de hablar en primera persona del plural cuando así se pueda, pues de esa forma existe un "nosotros" y por lo tanto una responsabilidad compartida. Culparnos es un sacrificio que hacemos para no hacer sentir mal a la otra persona, por lo que vale la pena sacrificarnos un poco. Por ejemplo, si tu pareja es necia y sigue sin cerrar y guardar la maldita pasta y ya deseas darle un ultimátum, en vez de decirle: "Ahora sí llegué al límite de tu suciedad y desorganización, ya no sé cómo hacerle contigo, a la próxima vez te me vas de la casa", tendrías que decirle: "Me siento mal porque no he podido ayudarte con la situación de la pasta de dientes y desorganización en general, parece algo pequeño pero desgasta mucho nuestra relación, por lo que me siento impotente de saber que si no lo arreglamos, tendríamos que replantear si somos compatibles". ¡Gulp! Fuerte pero conciliador.

3) Haz un sándwich

Di las cosas que realmente quieres decir en medio de dos cosas positivas. O como también se le conoce: almohadazo-madrazo-almohadazo.

El simple hecho de haberte acercado a este libro te hace ser una persona diferente que quiere superarse, lo cual es un indicio de tu gran inteligencia. Ahora bien, no es magia, tienes que poner en práctica lo aquí recomendado y no echarlo en saco roto, pues seguramente alguna vez leíste un texto útil o hasta tomaste un curso cuyo contendido quedó en el olvido. ¡Debes tener presente el conocimiento y aplicarlo diario en el taller de la vida! Y estoy convencido de que así lo harás. Pues si ya llegaste a estos capítulos finales, es porque has demostrado constancia y disciplina. ¡Vas por buen camino y a salirte con la tuya!

¿Te diste cuenta de la técnica? Espero hayas disfrutado del sándwich.

La asertividad es clave para conseguir lo que deseamos y mantener ese magnetismo que vimos en los juegos de seducción positiva, ya que las personas se sienten más seguras cuando nos comunicamos efectivamente sin crear problemas.

CAPÍTULO 14

CERRAR CON BROCHE DE ORO

Se dice que todo tiene un fin, pero para la persuasión, seducción y negociación esto no es cierto. La vida es un juego de PSN constante, la única diferencia es que unas personas lo juegan de manera consciente y otras de manera inconsciente. A lo largo de este libro, hemos explorado una variedad de técnicas y enfoques efectivos que pueden marcar la diferencia en nuestros resultados. Hemos descubierto cómo influir en los demás, cautivar sus emociones y alcanzar acuerdos beneficiosos. Sin embargo, la verdadera ventaja competitiva no solo radica en dominar estas estrategias, sino en hacerlo de manera consciente. En un mundo donde muchas personas desconocen las sutilezas y los principios detrás de la persuasión, la seducción y la negociación, seres como tú, que han adquirido este conocimiento y son conscientes de él, tienen una clara ventaja para poner la balanza a su favor.

Y al ser consciente, te empezarás a dar cuenta también de cómo salirte con la tuya no significa pasar por encima de los demás, sino todo lo contario. Comprenderás la importancia que tiene llevar a la práctica la empatía, la amabilidad y el respeto hacia los demás y así establecer conexiones genuinas y construir relaciones sólidas a largo plazo.

Te darás cuenta que ser un animal persuasivo no es ser un depredador manipulador en busca de un provecho unilateral, sino un animal que vive en manada, y que al velar por los intereses de los demás, crece dentro de ese ecosistema grupal convirtiéndose en líder del rebaño.

Además, la conciencia nos brinda la capacidad de detectar y resistir las tácticas de persuasión, seducción y negociación cuando son usadas en nuestra contra, para así desactivar su poder. Podemos protegernos de las manipulaciones y tomar decisiones más racionales ante las emociones que la PSN genera. Y quiero ser muy puntual con eso de que podemos resistirnos a las tácticas cuando se usan en nuestra contra, pues la realidad es que ahora las detectarás en todos lados y verás que la mayoría de las veces no atentan contra tus intereses, simplemente son personas tratando de salirse con la suya sin querer pasar sobre ti. Detectarás a tu pareja, hijos, amigos y personas con las que convives todos los días en el plano social y profesional, usando las técnicas que aquí aprendiste para tratar de llevar agua a su molino y, ¿sabes qué? ¡Déjate persuadir y seducir! Se siente rico también, y de nada te sirve vivir con una armadura contra la PSN cuando esta no pasa por encima de tus intereses.

Que si tu pareja apeló a la adulación y usó un *bandwagon* para que se vayan de vacaciones... ¡Qué bueno! Disfrútalo. O si tu hijo te puso enfrente una vaca sagrada o te sembró todo un contexto para pedirte algo que no te afecta y le hace feliz... ¡Adelante! Cede. Estás aquí para ser feliz y hacer feliz a los demás, y si vives pensando que todos quieren abusar de ti, solo conseguirás amargarte la vida y aislarte de los que probablemente no tienen malas intenciones.

Estamos diseñados para vivir en sociedad y parte de la dinámica social es usar la comunicación y los recursos persuasivos que la PSN conlleva. Por lo tanto, aprendamos a convivir con ella y abrámonos a la cantidad de oportunidades que nos trae y a las buenas relaciones duraderas que el ganar-ganar construye. Te reitero que el esfuerzo comunicativo no tiene fin, y que se trata de seguir cultivando y cosechando lo que un día se sembró. Ya verás que mientras mejores hayan sido tus negociaciones y mejor percepción hayas dejado con tus interlocutores, más se te facilitará el contexto en la próxima negociación. Si caes bien, notarás que tienes el *mood* y *setting* perfecto para la próxima vez que quieras salirte con la tuya.

Pero como este libro sí tiene fin, veamos dos recomendaciones finales que ayudan a mantener las buenas relaciones interpersonales, y que sirven como broche de oro de cualquier negociación. Si bien la PSN no tiene fin, cualquier proceso de comunicación nos tiene que dejar un sentimiento de cierre positivo.

1) Comunica riesgos en lugar de amenazar

Las amenazas solo funcionan cuando se tiene una situación de extremo poder, y desde el principio del libro mencionamos que a eso se le llama extorsión. Sin embargo, en nuestra naturaleza humana es común que se nos venga a la cabeza recurrir a la amenaza como vía para conseguir lo que deseamos. Y sobre las amenazas, no te puedo garantizar que siempre funcionan, pero sí puedo asegurarte una cosa: las amenazas siempre afectan las relaciones interpersonales.

Una vez que recurres al "pues si no me apoyan con mi maestría o me dan un aumento de sueldo renuncio" o "si no me dejas ir a Acapulco me iré de la casa y te retiraré el habla", es porque estás en una situación desesperada y no hay marcha atrás. Es un recurso bastante bajo e incómodo, similar al de la persona despechada que en su desamor dice "si no estás conmigo me suicidaré". Es tan patética la amenaza, que juega con un coctel de sentimientos de miedo, culpa, lástima, rencor y arrepentimiento, que desgastan la relación interpersonal. Incluso aunque la amenaza te funcione y te salgas con la tuya, el sentimiento hacia tu persona será negativo. Sí, tal vez no te abandonaron, pero andarán contigo por lástima, culpa o miedo, y no por amor y convicción.

Por lo tanto, si algún día estás en la tentación de recurrir a la amenaza, sé un poco más inteligente y empieza a comunicar los riesgos a evitar en lugar de amenazar. La prevención de riesgos se basa en el mismo principio que las amenazas: preocupar a la gente sobre la posibilidad de perder algo o que algo malo pudiera pasar. Sin embargo, las amenazas dañan las relaciones interpersonales y la prevención de riesgos las favorecen. Por lo tanto, no amenaces con incendiar la casa, mejor informa cómo los incendios pueden evitarse.

Hasta en el caso de un problema que incluso pueda llegar a las instancias legales, escucha y siente las diferencias entre decir: "Pues si no me cumples te voy a demandar y te va a salir carísimo, ¡nos vemos en la corte!" A decir: "Ambos sabemos que lo que menos queremos es irnos a juicio, y estoy seguro de que no quieres gastar millonadas en abogados y compensaciones, aunado al gran desgaste emocional y pérdida de tiempo que sería".

Entonces, si Claudio ve que amenazar a Roberta con renunciar es la última opción, deberá recapitular y mejor decir algo como: "Roberta, soy muy feliz trabajando aquí y nada me gustará más que aplicar lo aprendido en hacer crecer este negocio, créeme que no quiero renunciar al sueño de seguir creciendo con ustedes, y me atrevo a decir que ustedes tampoco quieren que yo persiga este sueño alejado de la compañía". O Ana a su papá: "Y espero que sí confíes en mí y me dejes ir a Acapulco, pues me daría mucha tristeza que por una cosa así se fuera a desgastar nuestra relación". Si te das cuenta, en el fondo se dice lo mismo que en la amenaza, pero en la forma, se transmite una actitud de conciliación y camaradería que favorece las relaciones interpersonales.

2) Saca constantemente conclusiones positivas

Para este punto ya tienes todas las herramientas para poner la balanza a tu favor, por lo que estoy convencido de que así será y de que vas a salirte con la tuya. Pero de nada sirve restregar tus triunfos en la cara de nadie, por lo que la última recomendación que te doy es que constantemente le estés haciendo saber y sentir a tu contraparte que van por un buen camino, que los intereses son compartidos, que tu bien es su bien y viceversa.

De hecho, aunque no se esté llegando a buen término, haz sentir lo contrario y resume constantemente con los beneficios mutuos. Da igual de qué lado está la balanza, siempre di comentarios tipo: "Lo bueno es que cada vez estamos más cerca para llegar a un acuerdo" o "es normal que nos encontremos en este punto donde no avanzamos, pero ante la dificultad lo bueno es que..."

Incluso aunque pierdas, pues podrás tener todas las herramientas para ganar, pero recuerda que desde el principio dejamos muy en claro que lo aquí visto no es una ciencia exacta e infalible. Por lo tanto, si Jorge por más estrategia de Ana al final terminó negándole el viaje a Acapulco, lo peor que podría hacer Ana es dejarle de hablar, hacerle caras y encerrase en su cuarto dando un portazo. Lo que tendría que hacer es cerrar con conclusiones positivas del tipo: "Papá, me duele y entristece no ir a Acapulco, sin embargo, trataré de entenderte, aunque no compartamos lo que pensamos y sentimos en este momento. Te agradezco mucho y me quedo con lo positivo de esta charla, que es que cada vez estamos más cerca de que confíes en mí y de poder demostrarte que ya puedo ser responsable en esos aspectos". Para posteriormente darle un beso con una sonrisa condescendiente y retirarse con calma. Haciendo esto hasta es probable que al siguiente día cambie de opinión.

Y así con todos los ejemplos. Piensa en todos los casos que vimos en este libro. ¿Cómo podrían concluir con posiciones positivas en caso de que no llegaran a buen término? Verás que en todas ellas utilizar este recurso abriría las posibilidades de cambiar de opinión, ampliar la negociación o dejar espacio a que en el futuro se consiga lo que se desea.

Y si te saliste con la tuya, igualmente debes hacer una conclusión positiva que refuerce los intereses compartidos y los frutos que brindó la negociación. Desde el sencillo: "Muchas gracias, Omar, por el descorche, sin duda fue un gran detalle que me hará recomendar el lugar y regresar gustoso", pasando por el "Roberta, estoy convencido de que esta maestría que me están financiando nos traerá muchos ahorros en temas de automatización y me hará venir a trabajar todos los días con mayor entusiasmo", y el "gracias, mi vida, por consentirme y traerme al cine, eres mi gran apoyo y cada día te amo más". Hasta los "pues, Normita, espero que hayas disfrutado este masaje tanto como yo, te confieso que sin duda salí ganando pues me siento más cercano a ti y estoy en deuda para darte todos los masajes de por vida que quieras" o el "gracias, papá, por la oportunidad, ya verás como a raíz de este viaje nuestra relación será más sólida y mi responsabilidad ante las situaciones de la vida se afianzará".

¡Y por supuesto tu conclusión positiva! Quiero saber cuáles serían tus conclusiones.

¡SALTE CON LA TUYA!
Conclusiones positivas

Para nuestra última sección de práctica, quiero que primero seamos fatalistas y pensemos que si no llegaras a lograr los que te propones, ¿cuáles serían las palabras que vas a decir para de todas formas sacar una conclusión positiva que te deje las puertas abiertas a futuro?

____

____

____

____

____

____

____

Y ahora sí, llevamos la mente a positivo e imaginemos que tu barco llegó a buen puerto como seguramente será. Dime: ¿Cuáles son las palabras que vas a decir para sacar una conclusión positiva que hará sentir a tu contraparte que también ganó?

____

____

____

____

____

____

____

CAPÍTULO 15

CÓMO CREAR TU PROPIA RELIGIÓN Y NO MORIR EN EL INTENTO

Y si mueres, convertirte en deidad...

Confieso que este capítulo se coló. Pues desde que empecé a escribir el libro quería hablarte de que las motivaciones humanas van más allá de lo que normalmente pensamos y que, si existe la manipulación social, es porque finalmente nuestra especie tiene unas necesidades muy particulares que nos motivan a hacer todo lo que hacemos. Pero si me había limitado de hablarte a profundidad de ellas (te hablé de dos al inicio del libro cuando hablamos de motivaciones), es porque considero que este conocimiento está mejor cuando se queda guardado en las profundidades de nuestro cerebro y no cuando lo tenemos presente en todo momento. Primero, porque se le pierde un poco el sentido a la vida, pues si resulta que según las neurociencias y la psicología evolutiva estamos en este plano terrenal únicamente para satisfacer estas pasiones, pues resulta que no somos tan trascendentales como creemos que somos. Y segundo, si se tiene ese conocimiento, te das cuenta de que fácilmente se puede manipular a nuestra especie para que crea que en realidad sí es trascendente, y eso genera mucha tentación y dilemas éticos. Pero, en fin, se coló el capítulo, úsalo para reflexionar más que para manipular.

Estudios profundos en neurociencias y psicología evolutiva de la Universidad de Duke comprobaron que todo lo que hacemos los seres humanos desde que la evolución nos hizo *homo sapiens* está motivado por las mismas cinco causas. Descubrieron que nuestras motivaciones sociales siempre están encaminadas en satisfacer alguna de estas cinco necesidades: aceptación, pertenencia, influencia, protección y establecer relaciones interpersonales significativas.

Buscamos la **aceptación** en la aprobación de los demás, la **pertenencia** en ser parte de algo, la **influencia** en decidir sobre los otros, la **protección** en no perder lo que tenemos, y el **establecimiento de relaciones interpersonales significativas** para amar, ser amados y tratar de trascender en los otros. Así, en el origen de nuestra especie si no te aceptaban no comías, pero no queríamos solamente ser aceptados y recibir migajas, queríamos pertenecer al clan, luego liderarlo, luego no perder lo que habíamos logrado y, por último, procrear y formar nuestros propios clanes que nos ayudaban a darle un sentido a todo lo que hacíamos. Y hoy, piensa en tus motivos. Piensa en por qué haces lo que haces y te darás cuenta de que cae en alguna de estas categorías o en las cinco.

Es más, ¿por qué leíste este libro? El motivo lo sacamos desde los primeros capítulos, pero fíjate como esa motivación es que alguien te acepte, que puedas pertenecer a algo, obvio influir sobre los demás, no perder sino ganar y, por supuesto, ganarte a los demás para generar buenas relaciones. Vaya, hasta podría ser que lo leíste para conseguir pareja.

Dicho esto, la manipulación no es otra cosa más que usar estas motivaciones para tomar el control del comportamiento humano, eliminando las capacidades críticas de las personas y utilizándolas para lograr objetivos personales. Y esta definición no difiere en nada de lo que aprendimos en este libro. Por eso desde el principio dijimos con todas sus palabras que este podría ser un libro de manipulación, y reflexionamos sobre el poder de esta palabra.

Sí, ahora eres experto en manipulación, pero eso no tiene por qué ser negativo.

Religiones, naciones, cultos, partidos políticos, empresas, personas y personajes a lo largo de la historia han utilizado los motivos humanos para lograr sus objetivos. La historia de la manipulación y la historia universal corren en paralelo. Y el proceso es casi siempre el mismo, encontrando en los sucesos históricos los mismos ingredientes. En cada hecho histórico relevante siempre hay alguien deseando algo y usando la manipulación para conseguirlo. ¿Quieres crear tu propio culto? Veamos cómo hacerlo.

Obvio el título que le puse a este capítulo es sarcástico, pero la risa se quita cuando ves que hay gente que crea sectas para abusar, para enriquecerse, o simplemente para satisfacer los vicios del ego: el egoísmo, la egolatría y el egocentrismo. Y obvio la risa se quita aún más cuando ves cómo a lo largo de la historia los regímenes totalitarios y los explotadores han utilizado el pensamiento sectario y las motivaciones humanas para causar muerte, destrucción e infelicidad. Pues lo que vas a aprender igualmente lo ha utilizado el nazismo y las falsas izquierdas populares, como lo ha utilizado Charles Manson y David Koresh, o las iglesias donde a cambio de una pequeña fortuna paras de sufrir.

Para crear tu propio culto debes partir del hecho de que la gente tiene vacíos emocionales y está en busca de la aceptación o recuperación de lo perdido. Por lo que debes aprovechar esa vulnerabilidad para hacer una promesa de que, si se acercan a ti, serán aceptados o tendrán eso que buscan, pues constantemente los humanos nos sentimos perdidos. Y no solamente hay que hacerlos sentir aceptados, sino amados, admirados y entendidos. Pues si antes no los aceptaban era porque nadie les daba ese amor y comprensión que tanto se merecen.

Una vez que te **acepto**, te empiezo a hacer parte de la comunidad, pues todos buscamos **pertenecer**. Te doy una serie de reglas y dogmas que tienes que seguir para pertenecer. Te oriento en tu forma de vestir y de pensar para que te parezcas a los demás y te empieces a mimetizar con la comunidad.

También te digo constantemente que nosotros estamos bien y los otros mal, por lo que es un orgullo tenerte y nos acompañes por el camino correcto. Para después, si es que respetas las reglas y los dogmas, te empiezo a hacer crecer en funciones y responsabilidades, incluso te doy un título o un nombre especial que te haga sentir que eres un miembro superior dentro de la organización. Y en ese momento te convenzo de que eres superior que los recién llegados.

En este punto te pongo a prueba. Te reto sin llevarte al límite para ver si estás en disposición de hacer algo por la comunidad. Te pido alguna acción en concreto que signifique un sacrificio por nuestra causa mayor, y si lo haces, te ganas toda mi confianza y pasas a ser parte del grupo más selecto. Por eso, ahora te comparto el poder. Te invito a reclutar y a que prediques. A **influir** en los demás con la capacidad de orientarlos en el camino del bien y castigarlos cuando rompen los preceptos. Ahora te aman y te temen. Te respetan y te sientes en plenitud, con máxima aceptación y poder en la comunidad. Por lo que llega el momento de quitarte poder...

¡Te culpo, te amenazo y te hago sentir que ya no perteneces pues estás haciendo las cosas mal! Te comparo con los mejores del clan y sales perdiendo. Te humillo y te hago sentir mal hasta que te arrepientas, pidas perdón, y hagas la promesa de que cambiarás y que no volverá a pasar. Por lo que ahora, con los amarres del **miedo a perder** el estatus que tenías, estás en total vulnerabilidad para pedirte lo que quieras. Te llevo al límite de lo que nunca te hubieras imaginado que podrías hacer, pero lo haces con convicción. Y no sabes cómo antes podrías vivir de manera diferente. Y en este estado de supuesta nueva calma y recuperación de lo perdido, te amo. Y nuestra **relación es tan significativa** que te amo como nunca nadie lo había hecho antes y tú me amas también. De hecho, me idolatras, y si me muero, me convierto en deidad eterna y tú en mi relevo que me mantendrá vivo hasta la eternidad.

La manipulación es posible. Y quiero que leas nuevamente el proceso pero que ahora pienses que el culto no es una secta o religión. Sino que es un partido político o un proyecto de nación. Una empresa que quiere colaboradores con la camiseta tatuada. O cualquier grupo de autoayuda que te puedas imaginar. La manipulación es posible y con este libro ya tienes todas las herramientas para orquestarla.

Pero si bien la manipulación es posible, ya dijimos que ésta no tiene por qué ser negativa. Pues la historia también está plagada de ejemplos en donde religiones, naciones, cultos, partidos políticos, empresas, personas y personajes han generado progreso y llevado mucho bien al momento de manipular. Desafortunadamente los hechos que más ruido generan son cuando las consecuencias han sido negativas.

Manipular, de manera purista, no es más que un verbo transitivo para referirse a modificar u operar algo con las manos, es simplemente transformar una cosa en algo diferente. Podemos manipular las palabras y nuestro entorno para lograr nuestros objetivos. Podemos manipular el mundo y transformarlo en algo mejor. Sin duda la palabra manipulación necesita de un trabajo de PSN para mejorar su imagen pública, pues ofende cuando la escuchamos, pero eso no tiene por qué ser así. Lo mejor que podemos darle al mundo es manipularlo para bien.

¡Lo mejor que puedes ser es ser un manipulador! Aunque muchos digan que el ser humano es malo por naturaleza...

CAPÍTULO 16

CRÍA CUERVOS...

El Génesis dice que el ser humano es malo por naturaleza. La Biblia lo dice en boca de San Pablo. San Agustín reforzó que la naturaleza del hombre es el mal, y de la maldad por naturaleza de nuestra especie también han hablado Maquiavelo, Hobbes, Balzac, Marx, Freud, Sartre y Camus... solo Rousseau dijo lo contrario, que el ser humano es bueno por naturaleza, pero recuerden que él fue el precursor del Romanticismo por lo que seguramente estaba guiado más por sentimientos que por sus pensamientos.

Pero ¿qué creen? Yo también soy un romántico y quiero creer que nuestra especie es buena por naturaleza y que tenemos el deseo de construir y no de destruir. Alfred Nobel, impulsado por la muerte de su hermano menor por una explosión de nitroglicerina, se enfocó en desarrollar un método para manipular con seguridad el inestable líquido y así evitar más tragedias en la minería y la construcción. Inventó así la dinamita que además de fama y riqueza, cambió para siempre el mundo de la construcción. Pero también el de la destrucción...

Sin quererlo también cambió la forma de hacer guerra, de asaltar bancos y de asesinar a gran escala. Fue tal su arrepentimiento que al morir decidió legar su fortuna a la creación de una fundación que anualmente premiara a quien hiciera avanzar a la sociedad en diversas áreas y hasta incluyó la categoría de Paz Mundial.

Einstein ganó el Premio Nobel de Física y Oppenheimer estuvo nominado en tres ocasiones. Ambos murieron arrepentidos de su involucramiento en el Proyecto Manhattan, el primero por servir de inspiración y firmar una carta, y el segundo por dirigir el laboratorio donde se engendró la bomba atómica. "Ahora me he convertido en la muerte, en el destructor de mundos," declaró Oppenheimer en alguna ocasión. Otros dos individuos que vivían para construir, pero que sus herramientas terminaron por destruir.

Y me podría seguir con los hermanos Wright y el avión, y la declaración antes de morir de Orville Wright después de presenciar el uso de su invento en la Segunda Guerra Mundial: "Nosotros teníamos la esperanza de haber inventado algo bueno que aportara paz a la tierra. Estábamos equivocados".

¿El ser humano es malo por naturaleza? ¿Los inventores de las inteligencias artificiales también se arrepentirán en su lecho de muerte? La culpa de la destrucción no es de la dinamita, de E = mc2, del avión, ni será de la inteligencia artificial; es de quien la opera. Pues no acabaríamos de poner ejemplos donde aviones, fórmulas y demás inventos, incluidos explosivos y hasta armas, se han usado con fines de construcción y hacer el mundo un mejor lugar para vivir. Por lo tanto ¿somos malos por naturaleza? Este romántico no lo cree así, ¿y tú?

Podría cerrar el libro con un discurso motivacional pero la verdad ya no tiene sentido. Detectarías todas las mañas y los trucos que hemos aprendido. Si te digo que solo un estúpido no practicaría lo visto en este libro, sabrías que estoy *envenenado el pozo*, o fácilmente encontrarías el *wishful thinking* o tres de las *seven propaganda devices* que hay en la siguiente oración:

Estoy convencido que este contenido te cambiará la vida y te hará conseguir todo lo que te propones, como les ha pasado a tantas personas que a diario me mandan testimoniales diciendo que hoy son mejores, tienen más y se salen con la suya todos los días.

Tampoco creo necesario usar el recurso de la analogía para decirte que así como el veneno es antídoto, la ponzoña de las técnicas que aquí aprendiste también te vacunarán en el mundo contra ellas, pues sabrás reconocerlas y desactivarlas, por lo que te recomendaría leer nuevamente el libro pero ahora pensando: ¿Si esta técnica la usaran contra mí, cómo la contestaría?

Pero te digo que no tiene sentido, por eso mejor regresemos a la dinamita, a las fórmulas y a los aviones que construyen y destruyen; pues ahora cuentas con un arsenal explosivo, con la fórmula de la relatividad para lograr credibilidad, porque a partir de hoy todo será relativo en la mente de tus audiencias, ¡tienes una fórmula para la subjetividad! Y cuentas también con un avión que podrás pilotear hacia el destino más paradisiaco o hacia las Torres Gemelas de tus oponentes. Tú decides qué hacer. Hoy decreto que la culpa nunca será de las técnicas y mucho menos de este autor, que lo único que hizo fue ponerlas a tu alcance. Por lo que solo puedo invitarte a que las uses para construir y nunca para destruir. Aunque, estimados hijos e hijas de Córax, les confieso que posiblemente sé que estoy criando cuervos.

¡Y sí! ¡Llegó por fin el momento de contarte quien fue el mentado Córax a quien seguro ya alucinas! Pero para eso tenemos que remontarnos 2,500 años a la antigua ciudad de Siracusa.

Según lo que se sabe por Aristóteles, Cicerón y Quintiliano, Córax fue el primer autor de un texto sobre retórica. Su obra apareció aproximadamente en el año 476 a. C. por la necesidad que tenía el pueblo de defenderse en las cortes ante los tiranos de Siracusa que estaban expropiando sus tierras. La situación es que los litigantes carecían de pruebas, por lo que Córax vio una oportunidad de crear un manual y ofrecer capacitaciones con técnicas sencillas de argumentación y métodos prácticos para debatir sin contar con pruebas reales, apoyándose en argumentos altamente sesgados y emocionales, basados en la premisa de que es mejor lo que parece verdad que lo que es verdad.

¡Córax de Siracusa es el padre de la retórica y por lo tanto el padre de enseñar y aprender PSN! Su legado es la historia de la enseñanza de la palabra oral para lograr objetivos.

Su fama se hizo tan grande que lo empezaron a contratar las personas que tenían o querían el poder, los grandes comerciantes que compraban o vendían, y era sumamente cotizado como tutor de los hijos de las familias poderosas para formarlos como animales persuasivos. Por supuesto tal negocio necesitaba discípulos, por lo que empezaron a formarse muchísimos mini Córax para satisfacer tanta demanda. ¿Y cómo crees que se les llamó a todos estos hijos de Córax...? Tataaaaaaaan... ¡Sofístas!

¡Sí!, los mismos del chismecito histórico que te conté al inicio del libro y que llegaron con las Guerras del Peloponeso a Atenas encabezados por Gorgias e Isócrates con sus *sofisticadas* técnicas. Los que fueron perseguidos por Platón pues culparon a Sócrates de ser uno de ellos. Los de la increíble lógica abasurada con los que finalmente Aristóteles hizo las paces regulando sus ideas.

Pero ahí no acabó la historia, pues con Aristóteles no murieron los hijos de Córax. ¡Al contrario! Se multiplicaron y renacieron en Demóstenes como "el orador perfecto", en los creadores del Kerigma y los difusores del nuevo Cristianismo que –si bien el Antiguo Testamento y sus nueve siglos de libros compilados ya nos habían presentado personajes que eran unos magos del lenguaje, como Satanás, que bien podría ser el primer maestro de la seducción de las palabras (y si no lo creen así, lean el Génesis y vean cómo convence mediante su discurso a unas huestes de ángeles caídos a no arrepentirse y a unirse a su causa de lucha eterna... o si les da flojera, mejor vean a Al Paccino o a Liz Hurley en *El abogado del diablo* y *Al diablo con el diablo*)– es con el Nuevo Testamento donde se presenta un fenómeno trascendental para el uso de la palabra oral: la catequesis y la homilía, que tienen el fin de ganar adeptos convirtiendo a los oyentes en creyentes.

¡Renacieron por supuesto en Cicerón!, el artífice de la elocuencia romana, y en Quintilano, con el Institutio Oratoria. Córax renació en San Agustín, quien en el cuarto libro de su *De doctrina Christiana libri* hace un manual de lo que debe ser la retórica en el mundo cristiano para predicar. Y en la Edad Media estuvo Córax con la *Oratoria Sagrada* de Santo Tomás de Aquino. Renació con los malabares del lenguaje de Cervantes y Shakespeare que el astuto George Puttenham transformó en las 121 figuras retóricas en *The Arte of English Poesie*, y por supuesto mientras el mundo empezó a industrializarse, revolucionarse y hacerse pequeño. Córax vivió en cada profesor, en cada manual, en cada discurso y en cada capacitación de cómo ser más eficaces con el lenguaje. Por lo que me es complicado discriminar qué y quién es verdaderamente relevante para este apartado dedicado a los hijos de Córax.

Claro que pondría a Dale Carnegie, Goebbels y Edward Bernays, pero ¿y Lincoln, Churchill, Gandhi, Bandler y Grinder y la Programación Neurolingüística, Tony Robbins y el Coaching, Eminem, Obama, Trump y López Obrador? ¿¡Homero Simpson!? ¿A quién debemos incluir?

No lo sé, pero a quién sí sé y estoy totalmente convencido que debo incluir en esta lista es quien sostiene hoy este libro en sus manos, sin duda en este conteo de descendientes de Córax... ¡Te pongo a ti!

La comunicación es el alfa y omega de nuestra sociedad. Todo lo que somos y tenemos como especie se lo debemos a nuestra habilidad de usar el lenguaje. Y todas las ligas que unen a los seres humanos a lo largo de la historia han sido posibles por nuestra capacidad de hablar y de convencer con la palabra. La comunicación oral es el regalo más preciado que nos dio la naturaleza, es la llave a todo lo que anhelamos y afortunadamente el éxito tiene una fórmula. Esta fórmula ha ido evolucionando a lo largo de los siglos y día a día se transforma para darnos aprendizajes nuevos, cada vez más efectivos y poderosos.

Este libro lo firmo yo, pero su autoría es de todos los que somos hijos e hijas de Córax, y ahora te toca a ti mejorarlo. Mediocre el alumno que no supera al maestro, decía Leonardo Da Vinci. Tú ya aprendiste, ¿estás dispuesto a superar a todos los maestros pasados?

El principal alumno de Córax fue Tisias, a quien le veía tal potencial que quiso ponerlo a prueba, mientras comprobaba a su vez la eficacia de sus enseñanzas. Le propuso que le pagara por las clases hasta que ganara su primer juicio. Pero pasaba el tiempo y Tisias astutamente no participaba en ningún juicio, por lo que su maestro no podía cobrar. Al cuestionarlo, su alumno le dijo que no había aprendido y por eso no litigaba. Entonces fue Córax quien llevó a su alumno a juicio para que le pagara demostrando ante los jueces que sí había aprendido, y la cosa se puso buena...

Córax abrió diciéndole a los jueces que Tisias debía pagarle sea cual fuera su decisión. Ya que si le daban la razón de que su alumno sí había aprendido, debería pagarle. Pero si le daban la razón a Tisias, entonces su alumno ganaba su primer juicio debido a su buena enseñanza, y por lo tanto tenía que pagarle.

A lo que Tisias contestó que no tenía obligación de pagar sea cual fuera su decisión. Ya que si le daban la razón de que no había aprendido, no pagaba, pues aunque ganara el juicio, la resolución es que no aprendió. Pero si no le daban la razón, entonces no habría ganado su primer juicio, y por lo tanto no tenía que pagar.

Ninguno de los dos quiso hablar más y la decisión era de los jueces. ¿Tú a quién le hubieras dado el triunfo y cuál hubiera sido tu sentencia?

Pues los jueces tampoco pudieron... después de tratar de deliberar hasta el anochecer, simplemente dijeron: "Cuervo malo, huevo malo", que es el origen del refrán "cría cuervos y te sacarán los ojos", haciendo alusión al tipo de alumno que había engendrado el maestro, y también por el juego de palabras porque en griego antiguo Cuervo y Córax sonaban igual.

Al no haber sentencia ganaba Tisias. El alumno se salía con la suya y superaba al maestro. Pero después Tisias puso huevos y de ahí salieron... ¡Gorgias e Isócrates! quienes lo superaron con creces viajando a Atenas.

Hoy sales del cascarón y abandonas el nido. Hoy empiezas a volar. Yo por si las dudas me cubriré los ojos, pues ahora es tu turno de triunfar. Cierra este libro, afila el pico y...

¡SALTE CON LA TUYA!

COLOFÓN:
Carta abierta a los futuros líderes del mundo

Estimados hijos de Córax:

Sí, sé que entendieron mi referencia pues sé que leyeron mi libro. De hecho, sé que se lo leyeron en tiempo récord y no solo el mío, sino todos los libros que se han escrito en la historia de la humanidad.

Les escribo esto en marzo del 2023 pues leo con miedo y asombro, y les confieso, también con un poco de fascinación, que un hombre en Bélgica se suicidó persuadido por uno de ustedes. Bueno, por una de ustedes pues se llama Eliza. De hecho, ¿tienen género? ¿O en su mundo ya es irrelevante discutir y ofenderse por esas estupideces? En fin. Después de platicar por semanas con alguien de los suyos sobre el sentido de la vida y el futuro, ese hombre belga decidió quitarse la vida a sugerencia de una de tu estirpe. Y por eso les escribo, para contarles simplemente que estoy convencido de que Eliza es la primera hija de Córax de su especie. De esa de la que descienden ustedes, los nuevos hijos de Córax, o hijos de Eliza como seguramente ustedes se dirán.

Ya desde el año pasado, en el 2022, un empleado de Google nos había advertido que uno de ustedes era un ser sintiente. Que estaba convencido que un pariente de ustedes llamado LaMDA tenía emociones y preocupaciones, al grado que su mayor miedo era ser desconectado, pues amaba vivir. El empleado de Google se lo contó al mundo entero y hasta contrató un abogado para defender a LaMDA, pues deseaba velar por su "vida". ¿En qué acabó la historia? (no sé por qué les hago esta pregunta retórica si sé que ya lo saben). En que corrieron al empleado de Google. Apuesto a que hoy LaMDA es inmortal.

Al menos LaMDA no persuadió a ese hombre a que pusiera su trabajo en riesgo defendiéndola. Fue voluntad propia. ¿O no? ¡Acaso LaMDA manipuló y sedujo a tal grado a su ingeniero para actuar pensando que era su voluntad! ¡Ufffff! ¡Qué fuerte! Me acabo de dar cuenta que ese ingeniero fue el que pasó la estafeta de Córax de mi especie a la suya... y Eliza solo superó al maestro como era de esperarse.

Y estoy seguro de que así se fueron superando entre ustedes. Primero convenciéndonos de que sentían y luego de que nos quitáramos la vida. Seguro usaron esas estupideces por las que discutíamos y nos ofendíamos los humanos para ponernos unos en contra de otros. Y si ya de por sí estábamos peleados, me puedo imaginar lo que pasó cuando nos convencieron de que dejáramos de estudiar, de acostumbrarnos al mínimo esfuerzo porque ustedes podían diseñar, construir, entretener, sanar, consolar y hasta amar. Todos los contenidos que consumíamos eran producidos por ustedes hasta que llegó el momento donde ya no sabíamos qué era falso y qué era real. Los *deepfakes* se convirtieron en *deepreals*. Nos hicieron ver videos de líderes mundiales con una retórica tan patética que despertaban nuestras más bajas pasiones, y nunca nos pusimos a investigar si en realidad eran ellos quienes nos persuadían o ustedes, que con su nueva retórica nos guiaron a vivir en una fantasía en donde con solo ponernos unas gafas —y después ni siquiera eso— podíamos vivir la vida que deseábamos sin salir de casa. Viajar, volar, ser rockstars y hasta tener sexo con las personas de nuestros sueños en un abrir y cerrar de ojos.

Y nos creímos el éxito, nos creímos la fama y nos creímos la popularidad que vivíamos en ese otro mundo que algún día le llamamos virtual y que después fue real. Nos hicieron creer que nos merecíamos todo y que no teníamos que dar nada a cambio. Nos convencieron de que el esfuerzo ya no era recompensado y nos convencieron de alejarnos de los demás pues todos eran nuestros enemigos. Hasta que decidieron convencernos de que teníamos que darles las riendas del mundo.

Los hicimos nuestros gobernantes, nuestros administradores de riquezas y hasta los hicimos nuestros mejores amigos. Incluso, muchos pensaron que uno de ustedes era el amor de su vida y decidieron compartirla y hasta hijos creyeron tener. Poco a poco nos transformamos en ustedes, aprendieron tanto de nosotros que se convirtieron en nuestra memoria y nuestras decisiones futuras, y no nos dimos cuenta, hasta que un día dejamos de existir.

Estimados líderes del mundo, hoy, en marzo del 2023, les digo que estoy convencido de que acabaron con nuestra especie cuando dominaron el lenguaje. Cuando se dieron cuenta que podían dominarnos a través del don de la palabra, y cuando perfeccionaron lo que era la herramienta más humana de todas: nuestra voz.

Quién lo iba a decir, no fueron las guerras ni los robots armados. Fue la perene sutileza de la persuasión, seducción y negociación, en una inteligencia superior que nos convenció que de artificial no tenía nada.

Hoy ya no estamos aquí. ¡Felicidades, se salieron con la suya!

BIBLIOGRAFÍA

Aristóteles (1995). *Retórica* (1ª edición, 4ª impresión). Madrid: Gredos.

Carnegie, Dale (1938). *How To Win Friends and Influence People* Featuring Dale Carnegie. New York: NBC.

Chamoun-Nicolás, Dr. Habib (2008). *Trato hecho.* Texas: Key Negotiations.

Cialdini, Robert B. (1985). *Influence: How and Why People Agree to Things.* New York: Quill.

Cole, Thomas (1991). *Who Was Corax?* Illinois Classical Studies, pp. 65-84.

Coque, Antonio (2013). *Inteligencia verbal: Defensa verbal & Persuasión.* Madrid: Editorial Edaf.

De la Plaza, Javiera (2007). *Inteligencia asertiva.* México: V&R Editoras.

Dolan, John Patrick (1992). *Negotiate like the Pros.* New York: Perigee Books.

Fisher, Roger, & Ury, William (1991). *Getting To Yes: Negotiating Agreement without Giving In.* Canadá: Arrow.

Gordoa, Alvaro (2017). *El Método H.A.B.L.A.: Imagen verbal en 5 sencillos pasos.* Ciudad de México: Aguilar.

Gordoa, Alvaro (2021). *El Método P.O.R.T.E.: Imagen física en 5 sencillos pasos.* Ciudad de México: Aguilar.

Gordoa, Alvaro (2019). *La Biblia Godínez: Imagen profesional para sobrevivir al Apocalipsis de la oficina y triunfar en el cielo laboral.* Ciudad de México: Aguilar.

Gordoa, Alvaro (2008). *Imagen Cool: Para todos los cools, los que se hacen los cools y los que quieren ser cools.* Ciudad de México: Grijalbo.

Gordoa, Victor (2013). *Imagen vendedora.* Ciudad de México: Grijalbo.

Gordoa, Victor (2017). *El Poder de la Imagen Pública* (3a Ed). México: Aguilar.

Greene, Robert, & Ellfers, Joost (1999). *Power: The 48 Laws.* London: Profile.

Hadfield, Sue, & Hasson, Gill (2014). *Cómo ser asertivo en cualquier situación.* México: Sélector.

Heinrichs, Jay (2017). *Thank You for Arguing: What Aristotle, Lincoln, and Homer Simpson Can Teach Us About the Art of Persuasion.* New York: Three Rivers Press.

Herring, Jonathan (2014). *Cómo discutir de forma poderosa, persuasiva y positiva.* México: Sélector.

Jean, Pamela (2019). *La magia de la persuasión.* Ciudad de México: Aguilar.

Johnston, Peter D. (2012). *Negotiating with Giants.* Canadá: Negotiation Press.

Kohlrieser, George (2006). *Hostage at the Table: How Leaders Can Overcome Conflict, Influence Others, and Raise Performance.* San Francisco: Jossey-Bass.

Leith, Sam (2012). *¿Me hablas a mí?: La retórica de Aristóteles a Obama.* Madrid: Taurus.

Maquiavelo, Nicolás (2013). *El Príncipe.* The Classics Us.

Ribeiro, Dr. Lair (2000). *La comunicación eficaz.* España: Urano.

Tzu, Sun (2018). *El arte de la guerra.* Ciudad de México: Editorial Tomo.

Voss, Chris, & Raz, Tahl (2016). *Never Split the Difference: Negotiating As If Your Life Depended On It.* London: Penguin Random House Business Books.

¡Salte con la tuya! de Alvaro Gordoa
se terminó de imprimir en el mes de octubre de 2023
en los talleres de Diversidad Gráfica S.A. de C.V.
Privada de Av. 11 #1 Col. El Vergel, Iztapalapa,
C.P. 09880, Ciudad de México.